Elina Fuhrman

SOUP UP YOUR LIFE!

50 vegane Suppenrezepte für ein neues Körpergefühl

Aus dem Englischen von Brigitte Rüßmann und Wolfgang Beuchelt

KNAUR
BALANCE

Die amerikanische Originalausgabe erschien 2016 unter dem Titel
»Soupelina's Soup Cleanse« bei *Da Capo Lifelong Books*.

Besuchen Sie uns im Internet:
www.knaur-balance.de

Deutsche Erstausgabe
© 2016 Elina Fuhrman Living LLC
Für die deutschsprachige Ausgabe:
© 2016 Knaur Verlag
Ein Imprint der Verlagsgruppe Droemer Knaur GmbH & Co. KG, München
Alle Rechte vorbehalten. Das Werk darf – auch teilweise – nur mit
Genehmigung des Verlags wiedergegeben werden.
Redaktion: Désirée Schoen
Fotos innen: Pär Bengtsson
Illustrationen: FinePic®, München
Foodstyling: Angela Yeung
Covergestaltung: ZERO Werbeagentur, München
Coverabbildung: FinePic®, München
Satz: atelier-sanna.com, München
Druck und Bindung: Uhl, Radolfzell
ISBN 978-3-426-67523-6

5 4 3 2 1

Für meine geliebten Töchter Madeline und Isabelle, die Lieben meines Lebens. Ihr seid meine Sterne, meine Musen, meine Inspiration. Ohne eure Liebe und eure Anstöße würde ich von Soupelina und diesem Buch weiterhin nur träumen. Danke für euer Vertrauen in mich und dass ihr mir geholfen habt, der Mensch zu werden, der ich heute bin. Ich liebe euch bis zum Mond und zurück.

INHALT

1
HER MIT DER SUPPE

2
DER BALANCEAKT

3
LOS GEHT'S

4
SUPPEN-ÜBERRASCHUNGEN

5
SOUPELINA-GEHEIMNISSE – SO GESTALTEN SIE IHREN PERSÖNLICHEN SUPPEN-DETOX

6
ZEIT FÜR SUPPE

7 REZEPTE

VORWORT

Herzlichen Glückwunsch! Mit dem Kauf dieses Buchs haben Sie den ersten Schritt zu mehr Gesundheit und Wohlbefinden durch bessere Ernährung gemacht. In den letzten Jahren hat es ein großes Umdenken in der Medizin gegeben, was den grundlegenden Zusammenhang zwischen Ernährung und Gesundheit angeht. Heute gilt es als Tatsache, dass eine unausgewogene Ernährung einer der Hauptgründe für die meisten Zivilisationskrankheiten ist. Gerade bei der Vorbeugung spielt unser tägliches Essen eine große Rolle, und die meisten Studien zu diesem Thema stützen die These, dass pflanzliche Nahrung unserem Körper den besten Schutz vor Erkrankung bietet.

Als Facharzt für innere Medizin, Geriatrie und ganzheitliche Medizin kann ich sowohl bei meinen Patienten als auch bei mir selbst unglaubliche positive Veränderungen durch die Umstellung auf pflanzliche Ernährung feststellen. Der integrative Ansatz, den meine Kollegen und ich praktizieren, hat schon zahlreichen Patienten mit chronischen Erkrankungen geholfen. Dabei liegt das Geheimnis unseres Gesundheitskonzepts in einer Kombination aus Ernährung, Sport und angemessener Medikation, ganzheitlichen Körper-Geist-Techniken und Übungen für die seelische Gesundheit. Das Kernstück dieses Ansatzes ist eine gesunde und ausgewogene Ernährung – wobei uns vollkommen bewusst ist, dass die Umstellung auf gesundes Essen unseren Patienten einiges an Mut, Hingabe, Willenskraft und Durchhaltevermögen abverlangt.

Die zunehmende industrielle Produktion und Verarbeitung von Lebensmitteln hat unser Leben einerseits stark vereinfacht, andererseits hat sie aber auch ihren Preis. Der Einfluss großer Nahrungsmittelkonzerne, die zunehmende Schnelllebigkeit unserer Gesellschaft und die Kräfte des Marktes haben unsere Essgewohnheiten stark verändert. Daher haben wir es heute nicht leicht, wenn wir gesund sein und uns möglichst gut ernähren möchten. Dazu kommen immer wieder neue Diät-Trends und Abnehm-Programme, die uns suggerieren, sie wären mit gesunder Ernährung gleichzusetzen. Man kann sich leicht vorstellen, welche Marktanteile und wie viel Macht die Diät-Industrie in einer Gesellschaft haben muss, die »dünn« als Ideal vergöttert, während Studien zufolge mindestens jeder Zweite übergewichtig ist. Betroffene, die Hilfe suchen, sehen sich mit einer verwirrenden Vielfalt von als gesund gepriesenen Lebensmitteln und angeblichen »Expertenratschlägen« konfrontiert, die eine Orientierung fast unmöglich machen. In Anbetracht dessen ist es mir eine ganz besondere Freude, das Vorwort zu diesem Buch zu schreiben.

Als Elina Fuhrman beschloss, sich mit heilender Nahrung zu beschäftigen, um auch anderen Menschen das nötige Wissen bestmöglicher Gesundheit an die Hand zu geben, wusste ich, dass niemand besser geeignet war als sie, die verfügbaren Informationen zu bündeln und praxisnah umzusetzen. Heraus kam dieses wunderbare Buch über heilende Suppen. Nach neuesten ernährungswissenschaftlichen Erkenntnissen erstellt, verbinden die Rezepte gesündeste Zutaten mit dem aktuellsten Stand der Ernährungswissenschaft. Dank der sorgfältig zusammengestellten Nährstoffkombinationen unterstützen bzw. entlasten die Suppen jeweils bestimmte Körperorgane bzw. Organsysteme, wie etwa das Immunsystem oder den Blutzuckerhaushalt, den Magen-Darm Trakt oder ein Entzündungsgeschehen. Darüber hinaus ergreift Elina die Gelegenheit, ihre Leser ausführlich in Themen wie Verdauung, ayurvedische Medizin, TCM, Homöopathie und Naturheilmittel einzuführen.

Das Buch beschäftigt sich mit vielen wichtigen und häufig gestellten Fragen, wie etwa: Welche Rolle spielt Zucker bei der Entstehung von Krebs und anderen Krankheiten? Welche Nahrungsmittel, die wir häufig essen, können uns auf welche Weise schaden? Wie wichtig sind Bio-Lebensmittel und die Vermeidung von Gentechnik? Lassen sich Krankheiten mit richtiger Ernährung wirklich stoppen oder sogar heilen? Wie unterstützen verschiedene kalte und warme Suppen die Entgiftung? Warum ist Entgiftung überhaupt so wichtig? Wie wirkt sich unsere Darmgesundheit auf den Rest des Körpers aus? Was sind die häufigsten Ernährungsfehler, die uns krank machen? Einige der Antworten werden Sie erstaunen, andere Ihnen sofort einleuchten, und manche werden Sie wütend darüber machen, wie sehr es uns die allgegenwärtige Lebensmittelindustrie erschwert, uns gesund zu ernähren und unserem Körper Gutes zu tun.

Dies macht die praktische Umsetzung neuer Ernährungsgewohnheiten oftmals zum schwierigsten Teil einer Lebensumstellung hin zu mehr Gesundheit. Dieses Buch liefert dazu einen verständlichen, praktischen, wirkungsvollen und heiteren Wegweiser zum Was, Wann, Wo und Wie. Ich bin überzeugt, dass Elinas Begeisterung und ihr ehrliches Bedürfnis, anderen Menschen zu besserer Gesundheit zu verhelfen, die eigentliche Kraft dieses Buchs sind. Wer seine Gesundheit – aber auch seinen Geschmackssinn und seinen Spaß am Essen – steigern möchte, ist hier genau richtig. Bon appétit!

Anthony J. Bazzan

Direktor des Functional & Wellness Sciences Institute und Co-Direktor des Great Life Executive Health Program am Myrna Brind Center of Integrative Medicine der Thomas Jefferson University in Philadelphia, USA, Co-Autor des populären Buchs *The Great Life Makeover*

EINLEITUNG:
MEIN WEG ZUR GESUNDHEIT

Ich lag auf dem kalten Badezimmerboden, heulte mir die Seele aus dem Leib und bettelte um mein Leben. Wenn ich überlebe, schwor ich, werde ich jedem sagen, was mir geholfen hat. Ich betete um ein Wunder. Das war alles, was ich tun konnte.

Ich hatte gerade die Diagnose Brustkrebs erhalten. Allein das Wort klingt nach Todesurteil, und schon beim Gedanken an die Behandlung fühlte ich mich noch elender. Ich werde nie mehr vollständig sein, schrie ich. Ich trauerte um mein Leben und hoffte, es handele sich um eine Fehldiagnose.

Die Ärzte haben bestimmt die Mammographien verwechselt, dachte ich. Es war bestimmt nicht meine Gewebeprobe, sagte ich mir. Ich war sicher, sie würden den Fehler finden, es war nur eine Frage der Zeit. Das musste so sein. Ich war gesund! In meiner Familie gab es keine Krebsfälle. Ich ernährte mich gesund, machte Sport, achtete auf mich, hatte meinen Kindern als Babys die Brust gegeben. Ich war glücklich mit meinem Beruf als Journalistin, der mich in exotische Länder, an die schönsten Orte der Welt führte und mich darüber in Magazinen und Zeitungen schreiben ließ.

Aber je mehr Tests die Ärzte durchführten, desto mehr Angst bekam ich. Ich hatte »Glück«, sagten sie mir, es sei »früh entdeckt worden« – der Krebs sei allerdings aggressiv und würde schnell wachsen, daher würden sie gerne alles medizinisch Mögliche tun, um ihn aufzuhalten. Aber das wollte ich nicht. Die Behandlungsmöglichkeiten entsprachen nicht dem, wie ich leben wollte. Also wurde ich zur investigativen Journalistin und suchte meinen eigenen Weg zur Gesundheit.

Meine Gesundheitspilgerschaft brachte mich mit einigen der klügsten und berühmtesten Köpfe in der Medizin in Kontakt, und was ich in Erfahrung brachte, schockierte mich. Es stellte sich heraus, dass Krebs beileibe kein mysteriöses Monster ist, das sich nicht kontrollieren lässt. Vielmehr ist Gesundheit eine Frage der Wahl, und mein tägliches Verhalten, ob nun bewusst oder unbewusst, wirkte sich direkt darauf aus.

Als ich in der Praxis von Dr. Kristi Funk, einer noch unbekannten Brustchirurgin, auftauchte, fragte sie mich nach einem kurzen Blick auf mein MRT, ob vor fünf Jahren etwas Belastendes in meinem Leben geschehen sei. Dann schlug sie mir vor, einen befreundeten Arzt, den Naturheilkundler und Akupunkteur Dr. Mao zu konsultieren. Er fragte mich nach unterdrückten Gefühlen, sagte mir, mein Krebs sei »nicht physisch«, und versprach, dass viel Arbeit vor mir läge. Dr. Funk und Dr. Mao waren das perfekte East-meets-West-Medizinerteam, um mich auf den Weg der Gesundheit zu leiten.

Dr. Mao führte mich in TCM (Traditionelle Chinesische Medizin) ein, Dr. Funk zitierte neueste Forschungsergebnisse, schlug aber auch Ayurveda vor und brachte mich mit ähnlich gesinnten Ärzten zusammen: meiner Onkologin, der Fachärztin für Frauenheilkunde und Ayurveda-Spezialistin Dr. Philomena McAndrew, Dr. Susanne Gilbert-Lenz und meiner integrativen Hausärztin Dr. Jennifer Sudarsky. Ich las alles, was mit Gesundheit und Wohlbefinden zu tun hatte, und bezog alte Heilmethoden mit ein, um meine Krebsdiagnose in einen Lebensfunken umzuwandeln. Erstaunlicherweise stieß ich immer wieder auf das Thema Ernährung.

Und warum gerade Suppe? Ganz einfach. Sie wurde mein Wohlfühlessen, als ich meine Ernährung umstellte, Fleisch und Milchprodukte aufgab und mich einer pflanzlichen Ernährung zuwandte. Ich finde, das klingt besser als das V-Wort, aber ja, ich meine vegane Ernährung. Ich hatte das Glück, die Welt bereisen und die Kreationen der gefeierten Köche von Paris über Bangkok bis Kapstadt genießen (und mit ihnen kochen) zu dürfen. Ich wollte mich nicht mit gedünstetem Gemüse und Reis zufriedengeben. Ich dachte: Es muss möglich sein, die Genüsse der Welt in meinen heilenden Suppentopf zu bringen. Und genau das habe ich getan.

Auch wenn meine Suppen zunächst nur der Selbstheilung dienten, sind sie zu so viel mehr geworden. Ich war nicht auf der Suche nach einer Geschäftsidee, hatte aber Spaß daran, Tage in der Küche zu verbringen und jeden Topf mit der Liebe zu füllen, die ich in mir spürte. Mit der Berufung ist es eine seltsame Sache. Man wählt sie nicht, sie wählt einen. Egal was ich tat, eine zufällige Begegnung führte zur nächsten und mich auf diesen völlig unerwarteten und ungeplanten Weg. Mir wurde klar, dass ich ihn einschlagen musste. Hatte ich dem Universum nicht versprochen, einen Weg zu finden, mich zu heilen und dann jedem davon zu berichten?

Ich entwickelte eine Reihe von Suppen, entwarf eine natürliche und nachhaltige Verpackung und rief die Marke Soupelina (Soup + Elina!) ins Leben. Sie war mein Geschenk an Freunde und Gleichgesinnte, ein Weg, alles, was ich über Wohlbefinden und Heilung gelernt hatte, zu teilen. Ich hatte keine Ahnung, dass Soupelina die Tore zu einer wachsenden Gemeinschaft von Menschen aufstoßen würde, die sich für pflanzliche Nahrung interessieren, die nicht nur gesund ist, sondern einfach auch köstlich schmeckt. Als immer mehr E-Mails begeisterter Kunden hereinströmten, die von Heilung, Gewichtsverlust, mehr Energie und besserem Wohlbefinden berichteten, wusste ich, dass es nicht mehr nur meine Herzensangelegenheit war, sondern dass ich Menschen dabei helfen konnte, sich selbst zu heilen.

Dieses Buch ist meine Liebeserklärung an ein Leben, das aus einer Krebsdiagnose erwuchs und mich zu einer Gesundheitsbesessenen werden ließ. Das hätte mir zu keinem günstigeren Zeitpunkt passieren können.

Ich habe *Soup Up Your Life* geschrieben, weil ich daran glaube, dass man durch gute Suppen ein gesundes und glückliches Leben führen kann. Ich hoffe, es gelingt mir, Sie dazu anzustacheln, Ihre Lieblingsschürze umzubinden, Ihre Lieblingssuppen aus diesem Buch zu kochen und Ihre Super-Suppen-Kräfte freizusetzen.

Gerade geht eine pflanzen- und gemüsebasierte Ernährungs- und Wellnesswelle um die Welt, aus der eine neue Generation gesunder Esser erwächst. Ich bin sehr stolz, eine Stimme dieser Wellness-Revolution zu sein, die – so glaube ich – unsere Welt und unsere Gesundheit verändern wird.

Sind Sie bereit, Ihre Gesundheit zu verbessern? Dann begeben Sie sich mit mir auf eine Super-Suppen-Reise! Lassen Sie uns etwas Gutes tun! Ran an die Löffel!

xo Elina

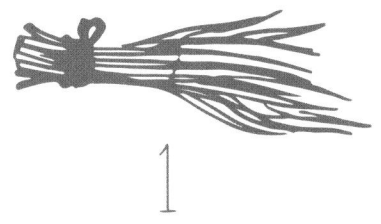

1

HER MIT DER SUPPE

Was ist ein Suppen-Detox?

Ich mag es, wenn meine Freunde mich »Suppenguru« nennen. Sehr cool! Ich habe noch einen Titel: Erfinderin des Suppen-Detox. Ich erfand ihn, als ich feststellte, dass schonend gegarte Bio-Suppen den Körper heilen können. Als Detox-Anhängerin wusste ich, dass ich den Krebs nur besiegen konnte, wenn ich meinen Körper von Toxinen reinigte. Außerdem wollte ich mein energiegeladenes, vitales, fröhliches und gesundes Selbst zurück.

Außerdem war ich diesen »Saft-Detox-Hype« von Los Angeles und die ständigen Instagram-Fotos dazu leid und wollte etwas Schwung in die Sache bringen. Verstehen Sie mich nicht falsch, ich liebe Säfte, aber bei einer Entgiftung mit Säften fühlt man sich müde, schwindelig und hungrig, und der Blutzucker fährt beim vielen Fruchtzucker aus Obst- und Gemüsesäften Achterbahn. Ist man dann endlich fertig, sehnt man sich nur noch nach einem saftigen Cheeseburger. Ich brauchte also eine andere Art von Entgiftung, und da Suppen bei uns zu Hause angesagt waren, verkündete ich den Suppen-Detox. Das war 2011, und niemand hatte einen blassen Schimmer, wovon ich sprach. Ich erntete viele skeptische Blicke. In meiner Umgebung wurden Suppen keineswegs mit gesunder Ernährung, Entgiftung oder Diät assoziiert, sondern eher mit Massen an Salz, Sahne und all diesen unaussprechlichen Zusatzstoffen.

Wie ein verrückter Wissenschaftler verbrachte ich Stunden in der Küche und versuchte, meine Suppenkreationen, die aus nichts weiter bestanden als aus Bio-Gemüse, Kräutern, Gewürzen und gelegentlich ein paar Hülsenfrüchten, mit meiner neu gefundenen kulinarischen Kreativität und meinem heilenden Juju zu befruchten. Dann gab ich ihnen lustige Namen, weil sie so völlig anders waren als alles, was es bisher gab.

Mit Suppe zum Frühstück, Mittagessen und Abendessen fühlte ich mich besser als mit Reis und Gemüse, und sie machten viel satter als Säfte. Ich war nie hungrig. Im Gegenteil: Ich fühlte mich satt, zufrieden und wohl. Nur zwischen den Mahlzeiten fehlte mir etwas. Da erzählte mir Dr. Mao von der Heilkraft der Brühen. Heiße Brühen als Snacks sind etwas Himmlisches. Ich tat jede Menge frischer Kräuter hinein und streute als Kick etwas Cayennepfeffer obendrauf. Sie waren kräftig und lecker, ich bekam nicht genug davon und konnte sie den ganzen Tag lang essen!

Mit Suppen hatte ich nie ein Mangelgefühl. Ich fühlte mich voller Energie, konzentriert, glücklicher und geistig wacher. Nach meinem ersten Suppen-Detox fühlte ich mich besser als je zuvor. Zum ersten Mal war ich nicht gestresst, mein Magen und mein Geist waren ruhig, ich hatte regelmäßig Stuhlgang und außerdem fünf Pfund abgenommen. Mein Teint strahlte, mein Haar war seidig, und ich lächelte die ganze Zeit. Und noch etwas passierte: Die Leute sagten mir, ich sähe jünger aus. So ganz falsch konnte ich also nicht liegen.

Das Konzept, dass Suppe Körper und Geist heilt, ist nicht neu. Seit Jahrhunderten nutzt die Menschheit Suppen, um Kranke aufzupäppeln und zu heilen, und ist auf der Suche nach der perfekten Heilsuppe. Aber irgendwann hat unsere hektische, moderne Welt die heiß geliebten Suppen in mit Salz und Konservierungsstoffen überladene Gebräue verwandelt, die nach nichts schmecken und ungesund sind.

Soupelinas Suppen-Detox ist ein effektives Entgiftungsprogramm, das Ihnen mehr Energie verleiht, Ihren Körper mit wichtigen Ballaststoffen versorgt, die Verdauung anregt, den Geist schärft, Stress beseitigt, entzündliche Prozesse vermindert und bei dem Sie sich satt, zufrieden und wohl fühlen. Die köstlichen und gesunden Rezepte dieses Buchs werden Sie stärken und Ihnen auf dem Weg zu Gesundheit und innerer Gelassenheit helfen.

Ich verspreche Ihnen aber auch ein kulinarisches Abenteuer voller Geschmack und vielschichtiger Aromen – und Glamour, denn den brauche ich nun mal! Schon nach wenigen Tagen werden Sie sich – ob Anfänger oder erfahrener Suppen-Gourmet – gesünder fühlen. Und das wird sich auf alles auswirken – auf Ihr Wohlbefinden, Ihre Beziehungen, Ihr Zuhause und auf unseren Planeten.

KOCHUNTERRICHT

Ich bin in der früheren Sowjetunion aufgewachsen, und sowohl meine Mutter als auch meine Großmutter haben ständig gekocht. Bei uns versammelten sich Freunde und Familie, und es gab immer viel zu essen.

Meine Mutter machte gerne Scherze darüber, dass ich selbst auf der Universität noch nicht wusste, wie man Wasser kocht. Wöchentlich versorgte sie mich mit Hilfe von Nachtzugschaffnern mit Essenspaketen. Sie war mit diesem Lieferservice – nach Sowjet-Art – ihrer Zeit weit voraus. Ich fing erst an zu kochen, als ich heiratete. Ich wollte wie meine Mutter sein und mit meinen Kochkünsten beeindrucken. Also bat ich sie in Briefen um Rezepte und versuchte, sie nachzukochen.

Aber erst das Reisen veränderte meine Einstellung zum Kochen nachhaltig. Als Reisejournalistin aß und trank ich mich durch Metropolen und Kleinstädte, Fünf-Sterne-Restaurants und kleine Spelunken, entdeckte tolles Essen und schrieb darüber. Ich verbrachte Zeit mit Köchen und in Küchen und lernte den einen oder anderen Kniff. Ich nahm Kochunterricht in Restaurants rund um den Globus, von Frankreich über Südafrika, Japan, Indien und Thailand bis in die Karibik.

Als ich dann Fleisch und Milchprodukten entsagte, wollte ich trotzdem die Freude am Essen behalten, die geliebten Aromen nachstellen, wollte Essen, das gleichzeitig spannend, nahrhaft und voller Aromen steckt, aber einfach zuzubereiten ist. Mir gefiel die lange kulturelle Tradition von Suppen und dass sie gleichzeitig elegant und frech sind. Suppe wurde meine feste Bank. Sie entsprach meinem Stil und meiner Kochphilosophie und versorgte mich mit köstlichen und gesunden Mahlzeiten.

Suppe half mir aber auch, mit meinem Körper, meinen Gefühlen und meinen alltäglichen Entscheidungen bewusster umzugehen und eine Balance zu schaffen.

Seitdem ich meine Ernährung und mein Leben umgestellt habe, sind mein Körper und mein Geist gesünder, stärker und fähiger, als ich es je für möglich gehalten hätte. Ich bin jeden Tag der beste Beweis dafür, dass Suppe der Schlüssel zu einem guten Leben ist.

Grundlagen des Suppen-Detox und wie dieses Buch aufgebaut ist

Suppen-Detox ermöglicht dem Körper, sich auf natürliche Weise zu reinigen, seine Speicher an essenziellen Mineralien aufzufüllen, die Blutzirkulation zu verbessern und Entzündungen zu mindern. Die von mir kreierten Rezepte enthalten einzigartige Kräuter- und Gewürzkombinationen, deren reinigende Wirkung eine Entgiftung von Darm- und Harntrakt, Haut, Schweißdrüsen, Leber und Nieren unterstützt. Die holistischen Kombinationen aus Kräutern, Gewürzen, Gemüsen und Hülsenfrüchten sorgen für eine natürliche Balance und entgiften das Entschlackungssystem des Körpers.

Suppen eignen sich hervorragend für die Entgiftung, da sie leicht verdaulich sind, dem Körper also Zeit zur Selbstheilung geben und ihn gleichzeitig mit allen nötigen Ballast- und Nährstoffen versorgen.

Für mich ist Suppen-Detox eine Art Fest, eine Auszeit für meinen Körper und das ultimative Verwöhnprogramm.

Bei einer Entgiftung pro Jahreszeit bleibt der Körper im Einklang mit der Natur. Wer noch nie entgiftet hat, beginnt am besten mit einem 3-Tage-Detox. Detox-Profis können die Kur für eine optimale Wirkung durch Weizengras-Shots und Einläufe ergänzen. Aber egal, wofür Sie sich entscheiden, alle Programme sind so konzipiert, dass sie sich in den Alltag integrieren lassen. Jede Detox-Erfahrung ist einmalig, ob man nun zum ersten oder zum zehnten Mal entgiftet. Das Hauptziel ist immer, Verkrustungen zu lösen und auf dem Weg zum neuen Ich alte Muster zu durchbrechen. Dabei geht es nicht nur um die Ernährung, sondern auch um Emotionen, Beziehungen, Karriere und Familie. Ihr Leben ist dabei, eine wunderbare Wendung zu nehmen.

Beim Suppen-Detox hat der Körper Zeit, zu entspannen und sich zu nähren. Gehen Sie daher während des Detox behutsam mit sich um, treiben Sie Sport nur in Maßen und meiden Sie Stress. Entspannen Sie bewusst und achten Sie darauf, was Sie stresst. Visualisieren Sie beim Aufwachen und vor dem Einschlafen fünf Minuten lang etwas, das Sie glücklich macht, und listen Sie im Geist Dinge auf, für die Sie dankbar sind.

Die meisten Suppen in diesem Buch sind einfach zuzubereiten. Alle werden frisch und aus frischen Bio-Zutaten hergestellt. Die Rezepte sind nach Art der Suppen sortiert: pürierte Suppen, Suppen mit Stücken, Brühen und rohe (ungekochte) Suppen. Sie alle sind vegan und enthalten sowohl vertraute als auch exotische Zutaten. Ich entdecke gerne neue Gemüse, Gewürze und Kräuter und kreiere daraus Suppen, die nicht nur voller Geschmack stecken, sondern auch lindernde und heilende Wirkungen haben, wie etwa »Ein (T)Rüffel für den Spargel«, die »Magische Gelbwurzbrühe« oder der »Kohlrabi-Sommertraum«.

Ich gebe fast immer eine Prise Cayennepfeffer oder frisch gepressten Zitronen- oder Limettensaft in meine Suppen, um die Aromen hervorzulocken, und dekoriere sie gerne mit frischen Kräutern und Sprossen oder träufele Kräuteröl darauf. Das rundet den Geschmack ab und sieht hübsch aus. Schließlich machen wir uns zu einem feinen Essen auch schick. Ich liebe diesen »Ta-da«-Moment, wenn eine Suppe damit lebendig wird. Das ist immer spannend!

Warum Suppen-Detox?

Tschüss, grüne Smoothies und überladene Fruchtsäfte! Wer ist sie nicht leid, die ewigen Variationen von Kohl, Banane und Kokos? Heutzutage wird die Qualität unseres Lebens nach gutem Aussehen und Sichwohlfühlen bemessen. Was also ist zu tun? Der Suppen-Detox bietet nicht nur eine Lösung, schlanker zu werden, sondern auch gesünder, anziehender, außerdem schmerz- und beschwerdefrei, ohne Nachmittagsloch, mit reiner Haut (auf Wiedersehen, Akne!), frei von PMS (wer hat das überhaupt erfunden?) und Stress (geht das überhaupt?).

Seit Jahrhunderten empfehlen Ärzte und Heiler aller Kulturen ganzheitliche Rituale zur Ausleitung von Giftstoffen, um körperliches Gleichgewicht und Wohlbefinden wiederherzustellen, und das hat gute Gründe. Wer schwer verdauliche Kohlenhydrate, tierisches Eiweiß, Zucker, Konservierungsstoffe, chemische Zusätze und künstliche Stimulanzien aus seiner täglichen Ernährung streicht, gibt seinem Verdauungs- und Entgiftungsapparat eine wohlverdiente Pause vom alltäglichen Verdauungsstress. Durch leicht verdauliche, gesunde Bio-Suppen nähren Sie Ihren Körper nicht nur, sondern geben ihm auch die Zeit, die Abwehrfunktionen des Immunsystems wiederherzustellen. Außerdem regt die Entgiftung den Stoffwechsel zur Fettverbrennung an und erneuert die energiesteigernde Funktion der Nerven und der Hirnanhangsdrüse. Das Ergebnis sind mehr Vitalität, weniger Körperfett, ein stärkeres Immunsystem und bessere Gesundheit.

Wenn Sie an gesunder Ernährung interessiert sind, die Ihr Wohlbefinden steigert, liegen Sie mit Suppen genau richtig. Dieses Buch schickt Sie auf eine Suppen-Erkundungsreise zu mehr Gesundheit, einem kräftigen, schlankeren Körper und mehr Energie und Lebensfreude.

Inspiriert von meinen Reisen rund um die Welt, war es mir wichtig, meine Rezepte möglichst vielfältig, lecker und gesundheitsfördernd zu gestalten. Sie sind leicht nachzukochen und setzen auf einfache, natürliche Zutaten statt auf oftmals schwer erhältliche vegane Ersatzprodukte. Nach nur einem Suppen-Detox werden Sie energiegeladen sein, Ihr Geist scharf und klar und der Stress verflogen, und Sie werden sich fühlen, als könnten Sie Berge versetzen! Stellen Sie sich vor, was erst passieren kann, wenn Sie Suppe in Ihre alltägliche Ernährung einbauen?

WARUM SIE GEMÜSE BESSER KOCHEN SOLLTEN

+ Man isst mehr Gemüse.
Bedenken Sie: Eine ganze Schüssel Spinat fällt beim Dämpfen zu einer winzigen Portion zusammen, und in eine Suppe passen gleich zwei Schüsseln! Die Menge an Nährstoffen ist überwältigend!

+ Es ist leichter verdaulich.
Durch Kochen werden die Ballaststoffe geschmeidiger, das Essen wird warm, und der Körper kann es einfacher verdauen. Um Rohkost verdauen zu können, muss der Verdauungstrakt sie erst anwärmen.

+ Gekochte Gemüse haben mehr Yang.
Yin und Yang spielen eine wichtige Rolle in der Traditionellen Chinesischen Medizin (TCM). Yin steht für das Negative, Dunkle, Yang ist positiv und hell. Ich vertraue auf alte Heilkünste, und laut Chinesischer Medizin fördert das Yang (z. B. in gekochtem Gemüse) die Heilung, denn Giftstoffe sind vorwiegend Yin. Auch Säfte, sosehr ich sie liebe, sind Yin, weshalb mir nach nur einem Tag Saft-Detox immer kalt ist.

+ Der Körper nimmt Mineralien besser auf.
Wie wichtig die Mineralienaufnahme für die Gesundheit ist, greife ich in diesem Buch später noch auf. Beim Kochen gehen zwar ein paar Vitamine verloren, Mineralien absorbiert der Körper so aber viel besser.

+ Gekochtes Gemüse sorgt für ein Gleichgewicht der Doshas.
Im nächsten Kapitel werden wir uns näher mit den Prinzipien der ayurvedischen Ernährung befassen. Rohe Nahrung gilt als kalt und schwerer verdaulich. Rohe Suppen bilden nur dann eine Ausnahme, wenn sie wärmende Gewürze und Kräuter enthalten.

+ Gekochtes Gemüse ist weniger bakterienbelastet.
Auch Bio-Gemüse ist bakterienbelastet, waschen Sie Gemüse daher immer gründlich. Durch Kochen werden Bakterien jedoch am besten und einfachsten unschädlich gemacht.

SUPPEN-DETOX

KURZÜBERSICHT

ESSEN

Essen Sie Suppe zum Frühstück, Mittagessen und Abendessen.
Ein optimales Ergebnis erzielen Sie, wenn Sie tagsüber alle
drei Stunden Suppe essen. So bleibt Ihr Stoffwechsel auf Touren. Jede Portion Suppe sollte 350–450 Milliliter groß sein. Sie
können die Suppen am Wochenende vorkochen und portionsweise abpacken. Lassen Sie keine Mahlzeit aus. Essen Sie die
erste Suppe dreißig Minuten nach dem Aufstehen und die
letzte drei Stunden vor dem Zubettgehen.

SNACK

Essen Sie Brühe mit einer frischen Garnitur aus Kräutern,
Sprossen oder Gemüse Ihrer Wahl als Snack zwischendurch.
Wenn Sie Heißhunger haben, essen Sie rohe Gurken, Sellerie-
stangen, Radieschen oder Blumenkohlröschen. Zu Ihrer Brühe
können Sie eingelegtes Gemüse und/oder eine Handvoll
Sonnenblumen oder Kürbiskernsprossen essen.

TRINKEN

Beginnen Sie direkt nach dem Aufstehen mit einer Tasse
heißem Wasser und dem Saft einer halben Zitrone, um die
Entgiftung von Nieren, Leber und Haut in Gang zu bringen.
Trinken Sie tagsüber und bei Heißhunger reichlich Wasser,
Zitronenwasser, Rejuvelac (Trunk aus milchsauer vergorenem
Getreide) oder Kräutertees, zwischen den Mahlzeiten und vor allem beim
Sport reichlich Wasser. Für eine optimale Verdauung sollten Sie während
der Mahlzeiten nichts trinken.

AUSSCHEIDEN

Sie sollten während der Entgiftung mindestens zweimal täglich Stuhl-gang haben. Nach mehreren Tagen Detox lösen sich die auf der Darmschleimhaut gebildeten Beläge, und der Körper kann Nährstoffe wieder optimal aufnehmen. Aufgestaute Emotionen und Erinnerungen können gelöst werden, und man fühlt sich klarer und wacher. Darm-spülungen können die Entgiftung unterstützen.

RUHEN

Nehmen Sie sich Zeit für Ruhephasen, denn Ihr Körper durchläuft eine Zeit intensiver Reinigung und Heilung. Er muss auf Zellebene hart arbeiten. Ihr Energie-Level wird täglich schwanken, teils von einem Moment zum anderen. Hören Sie auf Ihr Bauchgefühl. Wenn Sie müde sind, gehen Sie es langsam an, und nutzen Sie umgekehrt Ihre Leistungsfähigkeit während eines Energieschubs.

MEIDEN

Meiden Sie Kaffee, jeglichen Zucker – auch Obst, Erfri-schungsgetränke, tierisches Eiweiß, Milchprodukte, Alko-hol, Weizen, Nikotin, Fertignahrung und Gebratenes.

ZUSÄTZLICH

Für eine optimale Entgiftung können Sie den Suppen-Detox durch Weizengras- und Kurkuma-Shots ergänzen.

SCHLAFEN

Betrachten Sie diese Entgiftung als Weckruf: Sorgen Sie sich nicht dar-um, ob Sie genügend schlafen, sondern achten Sie auf die Qualität Ihres Schlafs. Gehen Sie abends zu Bett, sobald Sie sich schläfrig fühlen, nicht erst eine halbe Stunde später, denn sonst finden Sie unter Umständen nicht in Ihren natürlichen Schlafzyklus.

2

DER BALANCEAKT

Was macht eine gesunde Verdauung aus?

Ich weiß, ich habe kulinarische Glanzlichter versprochen. Lassen Sie uns dennoch zuvor über etwas sprechen, was wir sonst gerne auslassen: unseren Stuhl. Haben Sie täglich Stuhlgang? Wenn nicht, stecken Sie in der … Sie wissen schon.

Wir alle haben Stuhlgang. Gehören Sie auch zu den Menschen mit einem Arsenal an Zeitschriften im Bad, die drücken, stöhnen oder auch meditieren? Brauchen Sie einen Kaffee, um in Gang zu kommen? Haben Sie festen oder geschmeidigen Stuhl?

Denn wenn Sie keinen guten Stuhlgang haben, stimmt etwas nicht. Ein gesunder Körper braucht eine gesunde Verdauung, und die produziert nun mal gesunden Stuhl. Sie können das gerne einmal in Ruhe googeln und werden staunen, was man alles zu dem Thema findet. Was Sie aber unbedingt wissen müssen, ist, dass unsere Verdauung für jedes Wehwehchen, jeden Schmerz und jede Krankheit verantwortlich ist, die nicht von einem Unfall herrührt. Noch verrückter ist, dass der Mensch das eigentlich seit Jahrhunderten weiß. Der berühmte griechische Arzt Hippokrates, Begründer der modernen Medizin, sagte bereits im 3. Jahrhundert v. Chr.: »Alle Krankheit beginnt im Darm.« Warum haben wir so lange gebraucht, bis wir es glaubten?

Mit den Grundlagen der Verdauung sind wir alle grob vertraut: Sie ist der Prozess, bei dem Nährstoffe aus der Nahrung herausgelöst, in Fette, Proteine und Kohlenhydrate zerlegt werden und der Rest als Stuhl aus dem Körper ausgeschieden wird. Alles beginnt im Mund – unsere Mütter hatten recht, als sie uns sagten, wir sollten gründlich kauen – und endet mit dem Stuhlgang, also dem Gang zum Thron.

Wenn wir gute Bio-Produkte essen, geben diese ihre Nährstoffe an unsere Zellen weiter, und der Rest kommt als kompaktes Paket wieder heraus. Leider ist das bei vielen von uns nicht der Fall. Was hineingeht, kommt nicht immer auch wieder heraus. Eigentlich ist unser Körper darauf ausgelegt, sich täglich zu entleeren, aber unser hektisches modernes Leben und die steigenden Belastungen durch schädliche Substanzen und Umweltgifte beeinträchtigen unsere Fähigkeit, alles zeitnah loszuwerden. Nachdem wir jahrelang zu viel Fleisch, Milchprodukte, Fertignahrung, Frittiertes, aber auch Pestizide, Medikamente etc. zu uns genommen haben, leiden viele von uns an Verstopfung. Bis zu 4,5 Kilogramm können in unserem Darm festsitzen. Ist das nicht fürchterlich?

Die Schleimhaut unseres Dünndarms ist mit sogenannten Mikrovilli besetzt. Diese fingerähnlichen Zellfortsätze vergrößern die Oberfläche der Darmwände so, dass alle Nährstoffe optimal aufgenommen werden können. Ist die Darmschleimhaut aber durch Entzündungen geschädigt, sind die Mikrovilli abgeflacht, und die Nahrung rutscht einfach weiter in den Dickdarm. Sind zu wenige Ballaststoffe in der Nahrung, fehlt der Besen, der die Toxine aus dem Dickdarm kehrt. Dann sitzt die Nahrung fest, rottet vor sich hin und sorgt für Verstopfung, Gewichtszunahme, ein schwaches Immunsystem und Depressionen. Von da an geht es bergab: Die Darmwände nehmen Giftstoffe aus der rottenden Nahrung auf und geben sie in den Blutkreislauf ab. Als freie Radikale gelangen sie über die Blutbahn in den ganzen Körper und schädigen gesunde Zellen. Den Rest können Sie sich selbst ausmalen … Das Ergebnis ist nicht schön.

Glücklicherweise befassen sich heute auch Ärzte wie Dr. Alejandro, Dr. Gerard Mullin und Dr. David Perlmutter mit dem Thema Darmreinigung. Sie bringen uns nahe, wie wichtig es ist, auf unsere Darmgesundheit zu achten, auf gute und schlechte Bakterien, und erklären detailliert, wie wichtig eine gesunde Verdauung für unser Wohlbefinden ist. Inzwischen wird der Darm von einigen Experten sogar als »zweites Gehirn« bezeichnet. Ich finde, das wurde auch Zeit! Mein Traum ist, dass alle Ärzte, auch Kinderärzte, Patienten nach ihrer Ernährung und Lebensweise befragen und uns helfen, unseren Körper zu respektieren und ihn nicht mit aggressiven Stoffen aus der Balance zu bringen. Ich glaube fest, dass wir in sehr naher Zukunft die Leistung unseres Unterleibs mit Stolz betrachten werden, statt uns dafür zu schämen.

༺༄ TOILETTENGESCHICHTEN ༄༅

Wir wollen jetzt nicht analfixiert erscheinen, aber wussten Sie, dass auf der Toilette sitzen ungesund ist? Ich wette, das wussten Sie nicht, außer Sie kennen zufällig den Spiegel-*Bestseller* Darm mit Charme *von Giulia Enders oder haben schon einmal vom »Squatty Potty«-Toilettenstuhl gehört, einem Plastikhocker, der seinem Benutzer eine Hockposition auf der Toilette erlaubt. Dieses Gerät kann ich nur empfehlen.*

Glauben Sie mir, Hocken ist das neue Sitzen (dazu gibt es ernstzunehmende Forschung!). Verschiedene Studien belegen, dass wir unseren Darm im Hocken viel besser entleeren können und dass es die viel natürlichere Haltung ist. Sie hilft bei Verstopfung, schützt vor Hämorrhoiden und Darmerkrankungen und trägt zur Darmgesundheit bei. So weist zum Beispiel die Beckenbodenklinik der Stanford University ihre Patienten an, beim Toilettengang die Hockposition einzunehmen.

Warum werden wir krank?

Da Sie nun über die Wichtigkeit einer gesunden Verdauung informiert sind und verstehen, dass unser Darm, genau wie unsere Seele, verwöhnt werden will, werden Sie nicht überrascht sein, wenn ich sage, Krankheit entsteht durch eine Schwächung des Immunsystems. Wenn Sie sich Zeit nehmen, Ihren Darm zu heilen, in dem 90 Prozent unseres Immunsystems beheimatet sind, geben Sie Ihren Abwehrzellen wieder grünes Licht, Eindringlinge – von Grippeviren bis zu Krebszellen – zu bekämpfen.

Wir wachsen mit der Überzeugung auf, Krankheit sei ein natürlicher und unvermeidlicher Teil des Lebens. Allergien, Kopfschmerzen, Erkältungen,

Grippe, Erschöpfung und Altern scheinen normal. Aber nur weil etwas in unserer Gesellschaft verbreitet ist, ist es nicht automatisch normal. Wir verwechseln Funktionieren mit Gesundheit. Gesund sein bedeutet aber nicht, es gerade so durch den Alltag zu schaffen, sondern ihn mit Bravour zu meistern.

Warum werden wir also krank? Lassen sich Krankheiten überhaupt vermeiden? Die Antwort ist ein lautes Ja! Glauben Sie mir: Schlechte Entscheidungen, die wir treffen, machen uns krank, gute Entscheidungen dagegen machen und halten uns gesund. Das klingt Ihnen zu einfach? Es ist aber genau so einfach!

Niemand sagt uns, dass wir mit unseren Entscheidungen unsere Gesundheit stark beeinflussen. Stattdessen suchen wir bei Krankheit stets außerhalb von uns selbst nach Antworten. Gesundheit ist aber nichts, was uns einfach passiert! Nur weil jemand in unserer Nähe niest, bekommen wir noch lange keine Erkältung. Wir bekommen sie, weil unser Immunsystem geschwächt ist (durch zu wenig Schlaf, zu viel Wein, zu viel Arbeit etc.) und sich nicht wehren kann. Unsere ungünstigen Entscheidungen sind eine Einladung für Krankheiten.

Unser Körper besteht aus Billionen von Zellen, und unser Immunsystem ist auf ihre Funktionstüchtigkeit angewiesen. Natürlich ist es praktisch unmöglich, alle Zellen ständig in perfektem Zustand zu halten. Die Herausforderung besteht darin, Funktionsstörungen zu minimieren. Unser Körper leistet dafür Erstaunliches: Er produziert jede Sekunde über zehn Millionen Zellen zur Gewebeerneuerung. Wenn wir unsere Ernährung auch nur ein wenig verbessern, stärkt das unsere Zellen. Es ist genau wie beim Hausbau: Nur mit ordentlichem Material können feste, solide Bauten errichtet werden. Solange wir kranke Zellen immer wieder nur durch kranke ersetzen, können wir nicht gesund werden.

Einer der besten Ausgangspunkte für unseren Weg zu Gesundheit und Wohlbefinden ist die Küche. Bio-Lebensmittel als Grundlage für Suppen, Salate und andere Rezepte sind dabei unerlässlich. Sie kosten zwar teils etwas mehr, betrachtet man sie aber als wichtige Investition in die eigene Gesundheit, gibt man gern ein wenig mehr aus. Wenn wir krank sind, denken wir auch nicht darüber nach, ob wir uns das notwendige Medikament leisten sollen oder nicht. Das sollte beim Essen nicht anders sein.

Gesundheit ist aber nicht nur eine Frage der Ernährung. Auch Seele und Geist, Lebensführung, Bewegung und Genetik sind daran beteiligt und die

Art und Weise, wie wir mit alldem umgehen. Ich glaube fest, dass wir schlechte, uns krank machende Gewohnheiten ablegen und durch neue, gute Gewohnheiten ersetzen können, wenn wir mit Elan darangehen, ein gesundes Leben zu führen. Als ich es tat, geschah ein Wunder: Ich habe den Ärzten, die mir aufgrund genetischer Tests eine Rückkehr des Krebses innerhalb von 17 Monaten prophezeiten, bewiesen, dass sie falschlagen … Dafür musste ich mich nur ändern.

Was sollten wir essen?

Wir alle möchten schlank und sexy sein und haben gelernt, dass wir, um dies zu erreichen, Kalorien zählen müssen. Kalorien rein, Kalorien raus – richtig? Falsch! Ich verzichte bei den Soupelina-Suppen bewusst auf Kalorienangaben, da ich Kalorienzählen für Zeitverschwendung halte. Stattdessen sollten wir lieber Nährstoffe zählen! Ein Teller Suppe mit 300 Kalorien, der voller Antioxidantien aus Gemüse und Kräutern steckt, ist gesundheitsförderlich, eine Tüte Süßigkeiten, die hauptsächlich Zucker und Zusatzstoffe enthält und keinerlei Nährstoffe, macht nur krank, auch wenn sie nur 100 Kalorien enthält.

Versprechen Sie mir, von heute an nie wieder Kalorien zu zählen. Achten Sie stattdessen bei der Zubereitung Ihrer Mahlzeiten auf gute, nährstoffreiche Zutaten und packen Sie so viele Superfoods wie möglich auf jeden Teller, den Sie essen. Stellen Sie sicher, dass Ihre Nahrung frei von Toxinen ist und stattdessen voller Nährstoffe, die Ihrem Körper eine natürliche Entgiftung ermöglichen.

Wir sollten wissen, was in unserem Essen steckt, woher es kommt und ob es sich um ein verändertes oder naturbelassenes Lebensmittel handelt. »Und woher weiß ich, was gut für mich ist?«, fragen Sie. Wir werden in Sachen Ernährung mit einer solchen Flut von Informationen und Meinungen bombardiert, dass es schwierig ist, den Überblick zu behalten.

Kein Monat, in dem nicht ein gestern noch gelobtes Lebensmittel plötzlich als ungesund gilt. Eben war Soja noch ein Wundermittel, schon ist es schädlich. Sogar Grünkohl, lange als bestes Superfood der Welt gepriesen, wurde kürzlich von seinem Thron gestoßen. Wie soll man da jederzeit up to date sein? Kein Wunder also, dass wir es satthaben. Und jetzt behauptet die mo-

derne Medizin, unsere Ernährung könne Krankheiten und sogar dem Altern vorbeugen. Wie sollen wir uns in dem ganzen Wirrwarr zurechtfinden und enträtseln, was wir essen sollten und was nicht?

Nach sechs Jahren intensiver Recherche, des Studiums und der Selbstbefragung bin ich zu einer tiefen Überzeugung gelangt, die ich seither lebe: Ich weiß, dass mein Essen mich heilt und gut für meinen Körper ist, wenn

+ es mich gesund macht.

+ ich mich dadurch leicht und energiegeladen fühle.

+ es mein Wohlbefinden steigert.

+ es meine Sinne belebt.

+ es mich jung aussehen lässt und meiner Alterung entgegenwirkt.

Inzwischen kenne ich meinen Körper so gut, dass ich nach jeder Mahlzeit sofort weiß, ob sie gut für mich war. Ich bereite mein Essen stets frisch zu, esse nichts Gefrorenes, nichts aus der Mikrowelle und keine Konserven. Resteessen gibt es bei mir nicht, denn ich glaube, je frischer Essen ist, desto mehr Lebenskraft enthält es und desto mehr Energie und Gesundheit spendet es mir.

Ich kann gar nicht genug betonen, wie wichtig Bio-Produkte dabei sind. Sie werden ohne chemische Dünger und Pestizide produziert, ohne künstliche Reifungsmittel, Konservierungsstoffe, gentechnische Veränderungen oder Bestrahlungen, die alle potenziell krebserregend sind. Obst und Gemüse aus konventionellem Anbau können somit ein nicht unerhebliches Krebsrisiko bergen, vor allem wenn sie aus Nicht-EU-Staaten kommen. Stichproben zeigten, dass bei bis zu 13 Prozent der Gemüse und bis zu 7 Prozent der Früchte aus Drittstaaten die gemessene Pestizidbelastung über der gesetzlichen Höchstgrenze lag.

Zucker, Milch, Weißmehl und bestimmte Öle tragen ebenfalls heimlich zu unserer Toxinbelastung bei. Kombiniert mit Stress, Bewegungsmangel, Umwelteinflüssen und unserem modernen Lebensstil, sind sie die Hauptauslöser chronischer Erkrankungen wie etwa Krebs.

Auch wenn uns glauben gemacht wird, unsere Gene oder Umwelteinflüsse seien für unsere Erkrankungen verantwortlich, ist es meist unser Lebensstil. »Unsinn!«, werden Sie nun vielleicht denken, denn Sie kennen schließlich Menschen, die all diesen Müll essen, rauchen, trinken und keinen Krebs bekommen. Und dann gibt es da doch noch den Freund eines Freundes, einen Vegetarier und Marathonläufer, der an Krebs erkrankt ist. Wie soll das gehen? Gibt es demnach Lebensmittel, die krebserregend wirken, obwohl man meint, sich mit ihnen gesund zu ernähren? Anscheinend ja!

Argumente gegen Fleisch und Geflügel sind schnell gefunden. Wir alle haben schon Berichte über die Zustände in der Tierhaltung gesehen, über die Behandlung der Tiere mit Hormonen und Antibiotika, über Schlachtmethoden und den Umgang mit Fleisch. Das muss ich nicht wiederholen. Es gibt jedoch noch andere Lebensmittel, über die ich sprechen möchte.

Verzichten Sie auf Milch!

Aber Milch ist doch angeblich so gesund, so gut für Knochen und Zähne. Da ich bis heute Probleme habe, Menschen zu überzeugen, dass Milch und Milchprodukte uns schaden, empfehle ich schlicht die *China Study* und ihre verblüffenden Konsequenzen für die Lebensführung von T. Colin Campbell, einem angesehenen Forscher der Cornell University und Pionier auf dem Gebiet Krebs und Ernährung. Das Buch war mein Aha-Erlebnis, bot es mir doch wissenschaftliche Belege für den Zusammenhang von Ernährung und Gesundheit und dafür, dass Krebszellen durch pflanzliche Nahrung sogar deaktiviert werden können. Es freut mich, dass sich immer mehr Wissenschaftler dem Lob pflanzlicher Ernährung anschließen und erklären, warum wir Milch meiden sollten. Milch ist nicht sexy, nicht gesund und stärkt nicht unsere Knochen. Wer gar nicht darauf verzichten kann, sollte auf Hanf-, Reis- oder Mandelmilch ausweichen. Und tun Sie mir den Gefallen, geben Sie keine Sahne in Ihre nährstoffreichen Soupelina-Suppen.

Hände weg von Zucker!

Haben Sie schon gewusst, dass Krebszellen sich von Zucker ernähren? Es ist wahr, durch Zucker gedeihen sie prächtig.

Eins werde ich wirklich nie verstehen: Warum packen wir in alle Nahrungsmittel Zucker? Ehrliche Nahrung braucht keinen Zucker. Aber vermutlich würden wir sonst all die Chemie in der Fertignahrung schmecken. Ich war schockiert, als mir bewusst wurde, wie viel Zucker in den meisten Lebensmitteln steckt. Salatsaucen, Säfte, Eiweißriegel, Brot, Zerealien, Designerwasser und selbst die meisten Suppen sind vollgestopft mit Zucker, von Schokolade, Erfrischungsgetränken, Desserts und Snacks ganz zu schweigen. Man könnte die Liste ewig weiterführen.

Zucker ist inzwischen ein so großes Thema, dass man schon hinter dem Mond leben muss, um nichts davon mitzubekommen. Ich sage nur so viel: Zucker löst in unserem Körper Chaos aus und bringt ihn aus dem Gleichgewicht.

Zuckerkalorien sind leere Kalorien ohne jeglichen Nährstoff – und Sie haben mir doch gerade versprochen, ab jetzt Nährstoffe zu zählen! Zucker ist der reinste Antinährstoff: Er schwemmt wichtige Mineralien wie Kalzium aus, schwächt dadurch unsere Knochen und trägt zur Entstehung von Osteoporose bei. Er schädigt die Zellen des Immunsystems und führt so zu Erkältungen, Grippe und anderen Krankheiten. Wir sind auch ohne Zucker süß. Warum verzichten wir nicht darauf und lernen wieder, den natürlichen Geschmack unserer Nahrung zu genießen.

Adieu, Weißmehl!

Ich gebe zu, es schmeckt gut – sogar so gut, dass ich nach einer Scheibe Brot nicht aufhören kann und gleich den ganzen Laib esse. Als mir jedoch klarwurde, dass es krank machen kann, fiel mir der Verzicht leicht. Ein Teller Nudeln mit Gemüse ist keine gute Mahlzeit. Nudeln in der Suppe sind auch keine weise Wahl. Amaranth, Hirse oder Zwerghirse (Teff) sowie Hülsenfrüchte (Erbsen, Bohnen oder Linsen) sind viel gesünder. Auch sind inzwischen glücklicherweise viele nährstoffreiche Mehle aus Vollwertprodukten wie Kichererbsen oder Mandeln erhältlich. Weißmehl hat einen hohen glykämischen Index, was bedeutet, dass es den Blutzuckerspiegel stark ansteigen lässt und schnelles Wachstum von Krebszellen fördern kann.

Nein zu Gentechnik!

Ist es nicht seltsam, wie etwas, das angeblich so gut ist, sich als so schlecht erweist? Man hat uns erzählt, der Einsatz gentechnisch veränderter Pflanzen, Tiere und Mikroorganismen wäre notwendig, um Unterernährung und Welthunger zu bekämpfen, aber das Gegenteil ist eingetreten. Studien zeigen, dass genmanipulierte Pflanzen und die Chemikalien, die zu ihrem Anbau eingesetzt werden, schnelles Tumorwachstum verursachen. Schätzungen zufolge sind rund 70 Prozent der Lebensmittel aus dem Supermarkt im Laufe der Produktion in irgendeiner Weise mit Gentechnik in Berührung gekommen. Warum das Schicksal herausfordern und so etwas essen, wenn wir genauso gut Bio-Produkte kaufen können?

Die Wahl des Öls!

Wussten Sie, dass die meisten Öle in den Supermarktregalen raffiniert und toxisch sind? (Ich spreche nicht nur von Öl in Flaschen, sondern in fertigen Salatdressings, Backwaren, Konserven und Fertignahrung.) Viele Öle werden durch chemische Verfahren extrahiert, was sie gesundheitsschädlich macht. Verwenden Sie zum Kochen am besten nur hochwertiges natives Olivenöl extra, Kokosnussöl oder Sesamöl. Da Olivenöl hohe Temperaturen nicht gut verträgt, nutzen Sie es am besten als Basis für Ihre Kräuteröle, mit denen Sie die Suppen vor dem Servieren verfeinern.

Der Rest der Liste erklärt sich praktisch von selbst. Diese Nahrungsmittel haben in einer gesunden Ernährung nichts verloren:

+ **Erfrischungs- und Light-Getränke** stecken voller Zucker oder Süßstoffe, Lebensmittelchemie und Farbstoffe. Ihr Genuss ist Selbstmord auf Raten. Fast alle Inhaltsstoffe von Cola-Getränken werden mit Krebs in Verbindung gebracht. Lassen Sie bitte die Finger davon. Eine Studie der UCLA belegt einen direkten Zusammenhang zwischen dem Konsum von Erfrischungsgetränken und Fettleibigkeit.

+ **Konserven – besonders Suppen** – sind tabu, egal wie appetitanregend das Etikett aussieht! Diverse Studien und Gutachten zeigen einen direkten Zusammenhang zwischen mit Bisphenol A beschichteten Getränke- und Konservendosen und Krebs – besonders Brustkrebs. Ein Bestandteil von Bisphenol A wirkt ähnlich wie Östrogen und kann somit das Hormonsystem stören.

+ **Kartoffelchips und Pommes frites.** Die beliebten Snacks und Beilagen stecken voller Transfette, Salz, künstlicher Aromen und Farbstoffe. Am schlimmsten ist aber, dass durch die hohen Temperaturen bei ihrer Herstellung Acrylamide entstehen, krebserregende Substanzen, die sich auch in Zigaretten finden.

+ **Mikrowellen-Popcorn** wird in Tüten verkauft, die mit allen möglichen Chemikalien beschichtet sind und im Verdacht stehen, Unfruchtbarkeit und diverse Krebsarten zu verursachen.

Die Kraft von Ayurveda, TCM, Homöopathie und Volksmedizin

Was wussten die Menschen vor Jahrhunderten, was wir nicht wissen? Warum erleben wir heute eine Renaissance alter Heilmethoden, wo doch allseits hoch gelobt wird, wie fortschrittlich unsere moderne Medizin ist? Und warum nennen wir alte Heilmethoden »alternativ«?

Bei meinen Gesprächen mit TCM- und Ayurveda-Ärzten, Homöopathen, integrativen und konventionellen Medizinern schien der Konsens zu bestehen, dass unser schulmedizinisches System bei chronischen Erkrankungen und Krebs versagt. Die moderne Medizin untersucht Krankheiten, und angehende Ärzte lernen, diese Krankheiten zu behandeln. Sie lernen nicht, wie man Erkrankungen verhindert oder die Gesundheit eines Patienten erhält. Alle waren sich einig, dass die Symptombehandlung wichtig ist, aber dass man für optimale Gesundheit seine Heilung selbst in die Hand nehmen muss.

Studien zeigen, dass über ein Drittel aller Amerikaner Antworten bei alternativen Heilmethoden suchen, was auch den Bereich integrative Medizin wachsen lässt. Aber woher weiß man bei all den verschiedenen Ansätzen, was gut für einen ist? Ich liefere hier einen kleinen Überblick und empfehle, die verschiedenen Methoden wie Kochzutaten zu nutzen. Wir essen nicht das ganze Jahr lang Grünkohl, warum sollten wir also immer nur auf konventionelle Medizin setzen? Testen Sie die Alternativen und übernehmen Sie, was für Sie funktioniert. Sie werden überrascht sein, wie viel gesünder, glücklicher und ausgeglichener Sie sich fühlen.

Ayurveda

Mehr und mehr Menschen wenden sich dem Ayurveda zu, der traditionellen indischen Heilkunst. Das Wort kommt aus dem Sanskrit und bedeutet »Wissenschaft des Lebens«. Das mit über 5000 Jahren älteste Gesundheitssystem der Welt erfreut sich im Westen immer größerer Beliebtheit. Den Grund dafür sehen Ayurveda-Ärzte darin, dass die Methode den Menschen Regeln an die Hand gibt, wie sie vital und gesund bleiben können. Ayurveda setzt auf Prävention und natürliche Heilung, es basiert auf den Prinzipien der Körperkonstitution, persönlicher Erfahrung und einer harmonischen Ernährung.

Den Kern des Ayurveda bildet das Konzept der drei verschiedenen menschlichen Bioenergien, der Doshas. Jedem Menschen ist eine individuelle Mischung aus den drei Doshas – Vata, Pitta und Kapha – angeboren, die das gesamte Leben hindurch konstant bleibt. Gerät diese von Natur aus harmonische Konstitution aus dem Gleichgewicht, werden wir krank.

WELCHER DOSHA-GRUNDTYP BIN ICH?

Glücklicherweise muss man nicht nach Indien reisen, um seinen Dosha-Typ zu finden. Am besten sucht man einfach den nächsten Ayurveda-Arzt auf. Es gibt auch Online-Tests, die einem eine grobe Richtung weisen, aber meiner Erfahrung nach sind sie nicht präzise genug. Ich bekam damit unterschiedliche Ergebnisse, die mich eher verunsicherten. Eine genaue Analyse kann nur ein Ayurveda-Arzt durchführen. Er erkennt den Dosha-Typ anhand der Pulstastung nach den Regeln des Ayurveda und anderer Untersuchungen, wie etwa Betrachtung der Augen und der Zunge. Hier eine Kurzübersicht über die einzelnen Konstitutionstypen.

Grundsätzlich weist jeder von uns die Lebensenergien aller drei Doshas – Vata, Pitta und Kapha – auf, von denen meist eine, manchmal aber auch zwei, dominant sind. Zudem können die Doshas innerhalb eines Typs unterschiedlich zusammenwirken.

+ VATA

Vata lenkt alle Bewegung; es ist das mächtigste Dosha und besitzt die stärkste Kraft, Krankheiten zu erzeugen. Vata-Menschen sind meist schlank, kreativ, aufgeweckt, ruhelos und sprechen schnell. Sie haben ein freundliches Wesen, sind aber launisch, lernen schnell, vergessen aber auch schnell. Sie neigen zu kalten Füßen und Händen und mögen kaltes Klima nicht, neigen zu Verstopfung, schwitzen wenig und haben einen leichten Schlaf. Sie sind energiegeladen, ermüden aber leicht und überstrapazieren sich häufig. Ausgeglichen sind sie am kreativsten, lebensfroh und enthusiastisch. Aus der Balance geraten, sind sie besorgt, ängstlich und neigen zu impulsivem Handeln. Sie sind anfällig für Nervenbeschwerden, Verdauungsprobleme, Schlaflosigkeit und Arthritis.

ᥫ ᥫᥫ + PITTA ᥫᥫᥫ

Pitta bestimmt Feuer, Temperatur und jegliche Veränderung. Pitta-Menschen haben einen kräftigen, wohlgeformten Körper und einen scharfen Verstand. Sie sind durchsetzungsfähig, wettbewerbsorientiert, selbstsicher und haben viel Unternehmergeist. Außerdem sind sie leidenschaftlich, lieben Herausforderungen, neigen aber zu Ungeduld, Zorn und Wutausbrüchen. Menschen mit Pitta-Konstitution schwitzen stark und geruchsintensiv. Bei Stress neigen sie zu Heißhunger, Gereiztheit und Wut. Ausgeglichen sind Pitta-Menschen selbstsichere und geistreiche Führungspersönlichkeiten. Unausgeglichen sind sie arrogant, nervös und zornig. Pitta-Typen sind anfällig für Geschwüre, Sodbrennen, hohen Blutdruck, Hautprobleme wie Akne, Anämie und Entzündungen.

ᥫ ᥫᥫ + KAPHA ᥫᥫᥫ

Kapha wird von der Ernährung dominiert. Es ist für Wachstum und Wasserversorgung des Körpers verantwortlich und für den Erhalt des Immunsystems. Kapha-Menschen neigen zu Übergewicht. Ihr Wesen ist langsam, unbeschwert, mitfühlend, liebevoll und unvoreingenommen. Sie sprechen langsam und haben ein gutes Langzeitgedächtnis. Kapha-Typen sind sanft, standhaft, geerdet und nicht leicht aus der Ruhe zu bringen, aber häufig besitzergreifend, und sie halten an Dingen fest. Ausgeglichen sind sie liebevoll und ruhig, unausgeglichen aber unsicher und neidvoll. Menschen vom Kapha-Grundtyp neigen zu Erkältungen, Verstopfung, Sinusitis-Kopfschmerz, Asthma und Allergien. Sie nehmen leicht zu und neigen zu gutartigen Tumoren und Diabetes.

Nach der Lehre des Ayurveda entstehen Krankheiten, wenn die Lebensenergien aus dem Gleichgewicht geraten. Und wenn die älteste Medizin der Welt dies glaubt, bin ich dabei! Ich glaube sogar, dass dies heute noch viel wichtiger ist, als es früher war.

Suppe ist der Schlüssel
mit Martha Soffer, Ayurveda-Therapeutin und Köchin

Martha Soffer stammt aus Kolumbien, ist eine international anerkannte Ayurveda Panchakarma-Spezialistin, Ayurveda-Köchin, Rasayana-Therapeutin und ausgezeichnete Ayurveda-Pulsdiagnostikerin. Sie studierte vedische Medizin an der Maharishi University, lehrte in Indien und an der American University of Complementary Medicine.

Ich traf Martha drei Jahre nach meiner Diagnose. Ich wollte mein Leben ins Gleichgewicht bringen, und sie war mir empfohlen worden.

Martha Soffer sagt: »Die Grundpfeiler des Ayurveda sind Nahrung und Lebensweise, und die meisten Patienten verlassen meine Klinik nicht mit einem Rezept für Pillen, sondern mit dem einen oder anderen Kochrezept in der Tasche. Am liebsten verschreibe ich Suppen! Sie sind leicht verdaulich und sie wärmen, was die Nährstoffaufnahme fördert. Daher sind sie so nahrhaft. Ihre wohltuende, beruhigende Wärme gleicht unser Vata aus. Je nach Zutaten können frische, nahrhafte Suppen aber alle Doshas ausgleichen: Kokosnuss, Koriander und Gurke kühlen beispielsweise ein überhitztes Pitta wunderbar ab, Radieschen, Sellerie und Blattgemüse regen hingegen ein müdes, zähes Kapha wieder an.«

EF: Warum mit Suppen entgiften und nicht mit Säften?
MS: Säfte sind zwar gesund und stecken voller Vitamine und Nährstoffe, sorgen aber für eine kalte Verdauung, die dem Körper mehr Arbeit abverlangt. Suppen liefern mehr verdauliche Nährstoffe und sättigen stärker. Man fühlt sich wohlgenährt und ist es auch. Suppen – besonders solche wie Dhal – sind sehr proteinreich, und man kann sich davon ewig ernähren!

EF: Was passiert bei einer Reinigung mit ayurvedischen Suppen?
MS: Da die Suppen nährstoffreich und leicht verdaulich sind, entspannt sich der Körper, und die Organe bekommen sozusagen eine Auszeit. Organe wie Leber und Nieren können dadurch Giftstoffe leichter ausscheiden. Das gesamte System erhält praktisch Zeit, sich zu regenerieren und zu erneuern. Generell schmilzt durch die Erwärmung des Systems alles, was nicht im Körper sein sollte, besser dahin. Selbst Fett kann besser abgebaut werden.

EF: Ist es wichtig, welche Zutaten und Gewürze man verwendet?

MS: Absolut! Mungbohnen-Dhal wirkt auf alle drei Doshas ausgleichend, aber jede Zutat wirkt einzeln auf sie. Denken Sie daran, wie sehr Sie nach einem scharfen Curry schwitzen oder wie sehr eine Gurkensuppe erfrischt! Es ist gut, zu wissen, welches Dosha aus dem Gleichgewicht ist. So kann man (auch im Internet) Zutaten finden, die es ausgleichen, die abkühlen, beruhigen oder anregen. Nahrung ist in der Tat Medizin, und wir können ihre Wirkung schon nach einer einzigen Mahlzeit spüren.

EF: Ich bin fasziniert von der »Kraft der Pflanzen«. Kann man diese Kraft mit Gemüse, Kräutern und Gewürzen verstärken oder schwächen?

MS: Jede Pflanze hat einen bestimmten medizinischen Wert. Manchmal hat die Schale einer Pflanze eine andere Heilkraft als ihr Fruchtmark. So wird etwa die Schale der Mungbohne zur Reinigung und Entgiftung des Bluts verwendet. Die Kraft der Pflanzen ist auch saisonal bedingt. Unser Körper geht mit den Jahreszeiten, also sollte auch unsere Nahrung diesem natürlichen Rhythmus folgen. Ayurveda hilft uns, uns unserer Verbindung mit den Jahreszeiten, dem Land und der Nahrung bewusst zu werden, denn wir sind Teil dieses natürlichen Systems, das stets in Bewegung ist. Je stärker unsere Verbindung mit unserer natürlichen Umgebung, desto besser stehen unsere Chancen für gute Gesundheit.

EF: Welche Beschwerden kann Ayurveda behandeln?

MS: Ayurveda behandelt grundsätzlich die Wurzel des Problems. Geht man mit einem Ausschlag zum Schulmediziner, verschreibt der vermutlich Kortisonsalbe. Das nennt man eine Symptombehandlung und kann durchaus sehr wirksam sein. In der Ayurveda-Medizin sucht der Arzt aber immer nach dem auslösenden Ungleichgewicht, das dann irgendwann später im physiologischen Prozess das Symptom verursacht hat – in unserem Fall den Ausschlag. Durch ein Wiederherstellen des Gleichgewichts verschwindet nicht nur dieses eine Symptom, sondern oft auch andere, auf demselben Ungleichgewicht beruhende Krankheitszeichen, die manchmal noch gar nicht manifest sind. Ayurveda therapiert nicht das Blatt, sondern die Wurzel, wodurch es eine riesige Spannbreite von Beschwerden behandeln kann, von Haut- über Gewichtsprobleme bis hin zu schweren neurologischen Erkrankungen. Schlussendlich ist Ayurveda kein alternatives Heilverfahren, sondern ein komplementäres. Viele westliche Ärzte nutzen Ayurveda als Ergänzung, um selbst gesund zu bleiben, oder schicken ihre Patienten nach schwerwiegenden Behandlungen zur Entgiftung zu mir, wenn sie mit ihrem Latein am Ende sind.

Traditionelle Chinesische Medizin (TCM)

Was im Ayurveda die Doshas sind, sind in der Traditionellen Chinesischen Medizin Yin und Yang. Sie sind Energien, die beiden gegensätzlichen Kräfte der Natur, und nur wenn sie ausgeglichen sind, ist optimale Gesundheit möglich. Yang ist warm, Yin ist kalt, und gemeinsam halten sie unseren Körper im Gleichgewicht.

Im medizinischen Sinn sind uns Yin und Yang wenig vertraut, von Akupunktur haben die meisten von uns aber schon gehört. Durch das Einstecken winziger Nadeln in spezielle Akupunkturpunkte kann unsere Lebensenergie (Qi) wieder fließen. In den letzten zehn Jahren ist Akupunktur praktisch ein Teil der Allgemeinmedizin geworden und wird bei bestimmten Beschwerden verschrieben. Genau wie die Heilkräuter-Therapie ist sie aber Teil der TCM, in der Krankheiten als Zeichen für fehlende Harmonie gelten. Die TCM besagt, dass die Lebensenergie über bestimmte Bahnen, die Meridiane, durch den Körper fließt. Durch Aufspüren von Energieblockaden können Erkrankungen diagnostiziert, behandelt und vermieden werden.

Auch in der TCM ist die Nahrung sehr wichtig. Ihre energetische und therapeutische Wirkung ist zur Stärkung unserer Organsysteme und zum Erhalt des Gleichgewichts zwischen den Energien und Organen lebensnotwendig.

Heilende Weisheit
mit Dr. Mao, Arzt für Traditionelle Chinesische Medizin und Kapazität auf dem Gebiet der taoistischen Anti-Aging-Medizin

Meine Operateurin, Dr. Kristi Funk, empfahl mir Dr. Maoshing Ni, kurz Dr. Mao, den führenden Experten in Traditioneller Chinesischer Medizin in den USA, ganz zu Anfang meines Heilungswegs. Schon nach wenigen Sekunden wusste er, wie er mich behandeln musste. Als Kräuterheilkundler in

38. Generation verwendet er Kräutertrunke, die er bei jeder Konsultation neu zusammenstellt, sowie Akupunktur, um den Körper ins Gleichgewicht zu bringen. Er brachte mir auch bei, wie wichtig Nahrung und Entgiftung, Qi-Gong und der achtsame Umgang mit sich selbst sind.

EF: Als ich Sie 2009 zum ersten Mal aufsuchte, sagten Sie, mein Krebs sei »nicht körperlich«. Das spornte mich an herauszufinden, was ich für meine Heilung tun konnte. Was sehen Sie, wenn Menschen mit Krebs und anderen chronischen Erkrankungen zu Ihnen kommen?

MN: Krebs besteht aus abnorm wachsenden Zellen, und wir stellen uns die Frage, warum? In der Chinesischen Medizin ist es seit langem anerkannt, dass Krebs durch Energie- und Blutblockaden, durch Toxine und negative Emotionen entsteht.

EF: Wie hilft TCM den Menschen, gesund zu werden?

MN: Die Chinesische Medizin betrachtet den gesamten Menschen, also den Geist, die Seele, den Körper und die Krankheit. Mittels Akupunktur, die das Heilsystem des Körpers »neu programmiert«, Kräuter- und Ernährungs-therapie, die den Heilprozess unterstützen, und Meditation/Körper-und-Geist-Übungen, die den Patienten zur Mitwirkung animieren, versucht sie die Selbstheilungskraft des Menschen wiederherzustellen.

EF: Ich bin mit Suppen aufgewachsen, habe sie aber, bevor ich Sie traf, nie als Medizin angesehen. Warum haben Suppen eine so starke Heil-kraft?

MN: Aus Suppen kann der Körper die Nährstoffe der gekochten Nahrungs-mittel besonders einfach aufnehmen. Die Nähr- und Vitalstoffe in Suppen sind leicht verdaulich und absorbierbar. Außerdem sättigen gesunde Suppen, ohne dass sie zusätzliche Kalorien liefern. Daher sind sie gut für Patienten, die entschlacken, Gewicht verlieren und sich auf eine gesunde Ernährung umstellen möchten.

Alle Kulturen rund um den Globus lieben Suppen.

Das älteste medizinische Werk der TCM, der Innere Kanon des Gelben Kaisers (Huángdì Nèijīng), enthielt bereits Rezepte für Suppen aus Kräutern und Gemüse, wie etwa eine reinigende Löwenzahn-Fenchel-Suppe. Schon früh in ihrer Geschichte entwickelte die Chinesische Medizin eine Heilernährung, da sie die Heilwirkung einzelner Nahrungsmittel erkannte und sie zur Behandlung und Prävention einsetzte.

EF: Wie wirken sich Ernährung und Lebensstil auf die Gesundheit aus?
MN: Unsere Ernährung ist die Grundlage für Gesundheit und Heilung und steht in der Chinesischen Medizin bei Prävention und Heilung an erster Stelle. Ich habe viele Patienten erlebt, die durch eine Umstellung ihrer Ernährung ihre Gesundheit wesentlich verbessern konnten. Z. B. hat ein Herzpatient seinen Cholesterinwert durch vegane Ernährung von 230 auf 100 gesenkt. Ein Diabetespatient konnte auf seine Medikamente verzichten, nachdem er 11 kg abgenommen hatte, weil er auf Fett, raffinierte Kohlenhydrate und Zucker verzichtete und mehr Gemüse und magere Proteine, wie Fisch, aß. Ein dritter Patient, der an starker Arthritis litt, wurde schmerzfrei und konnte vier Medikamente absetzen, nachdem er auf eine entzündungshemmende Ernährung aus Gemüse, Säften und Gemüsebrühen umgeschwenkt war.

EF: Warum ist ein integrativer Ansatz, der die westliche mit alternativer (östlicher) Medizin verbindet, bei der Bekämpfung von Krankheiten so wichtig?
MN: Die westliche Medizin ist im »Abtöten« von Krankheiten unübertroffen, während die Stärke der östlichen Medizinsysteme in der Stärkung der Vitalkräfte und Körperfunktionen liegt. Integrative Behandlung schenkt z. B. einem Krebspatienten eine höhere Lebensqualität und Überlebenschance.

Homöopathie und Naturheilkunde

Homöopathie und Naturheilkunde sind alternative Heilverfahren, die den Menschen als Ganzes betrachten. Homöopathen und Naturheilkundler sind überzeugt, dass der Körper bei ganzheitlicher Pflege und Behandlung dazu fähig ist, sich ohne invasive Eingriffe selbst zu heilen. Der holistische Ansatz der Homöopathie wurde im 18. Jahrhundert von dem deutschen Arzt Samuel Hahnemann entwickelt. Er war von den Behandlungsmethoden seiner Zeit enttäuscht und gehörte zu den ersten Verfechtern angemessener Hygiene, guter Ernährung, frischer Luft und besserer Lebensstandards. Im 19. Jahrhundert fand die Homöopathie international Verbreitung, wurde dann aber in vielen Ländern durch die Schulmedizin verdrängt. Seit den 1970er Jahren erfährt sie eine Renaissance, da immer mehr Menschen nach einer ganzheitlichen Alternative zur rein symptomatisch behandelnden Schulmedizin suchen.

Die Wurzel des Übels finden
mit Dr. Gez Agolli, Naturheilkundler

Ich traf Dr. Gez Agolli, nachdem mir ein Freund sein Progressive Medical Center in Atlanta, Georgia, empfohlen hatte, eine beeindruckende und einzigartige Klinik mit einem gesundheitlichen 360-Grad-Ansatz: Dabei werden ganzheitliche Heilweisen (die den ganzen Menschen und nicht nur den Körper behandeln) mit modernsten diagnostischen Geräten kombiniert. Durch Dr. Agolli lernte ich, meine Therapien aufeinander abzustimmen und meine eigenen Recherchen anzustellen. Ich habe seine Klinik seitdem mehrfach aufgesucht und konsultiere ihn immer, wenn meine Töchter oder ich uns nicht wohl fühlen.

Dr. Agolli sagt: »Vor allem müssen wir verstehen, woher eine Krankheit überhaupt kommt. Der Schlüssel zur Heilung besteht darin, die Wurzel des Übels zu erkennen. Als Naturheilkundler mit homöopathischer Ausbildung nutze ich integrativ verschiedene Ansätze, wie traditionelle Medizin, Osteopathie, Naturheilkunde, Ayurveda, orientalische und homöopathische Heilmethoden.

Ich betreibe eine heilungsorientierte Medizin, die den gesamten Menschen (Körper, Seele und Geist) in seinem Lebensumfeld betrachtet. Die Betonung liegt auf der therapeutischen Beziehung und nutzt alle geeigneten Therapien, ob nun konventionell oder alternativ. Naturheilkunde-Ärzte verschreiben verschiedenste Behandlungen, von Nahrungsergänzungen über Heilkräuter bis zur Ernährungsumstellung.

Unser Körper hat die angeborene Fähigkeit, sich selbst zu heilen, wenn wir ihn mit allem versorgen, was er braucht, wie etwa ausreichend Schlaf, entzündungshemmende Nahrung, Vitamine und Mineralien. Die Stärkung des Immunsystems durch eine Entgiftung des Körpers, eine gesunde, vorwiegend pflanzliche Ernährung mit viel Gemüse, Suppen, sehr magerem Fleisch und ohne Milchprodukte, durch regelmäßige Bewegung, weniger Stress und nichtinvasive Therapien ist sehr wichtig.«

EF: Wir sind an Blut- und Urintests gewöhnt, wenn wir zum Arzt gehen. Ich war beeindruckt, wie viele andere Tests Sie in Ihrer Klinik durchführen.

GA: Unser Hauptziel ist es, die Geschichte des Patienten zu verstehen. Daher nehmen wir neben Blut- und Urinproben auch Speichel-, Stuhl- und Haarproben. Zudem befragen wir den Patienten zu seinen Lebensumständen, seiner Ernährung und seinen Gewohnheiten. Das hilft uns, den Status seines Immunsystems zu bestimmen. Wir betrachten den gesamten Menschen – Geist, Körper und Seele –, dadurch können wir Erkrankungen durch Stress, Autoimmunerkrankungen und chronische Leiden besser verstehen.

EF: Wie helfen naturheilkundliche Therapien, das Immunsystem wieder aufzubauen?

GA: Unser Immunsystem ist sehr komplex. Eigentlich haben wir sogar zwei Immunsysteme, das humorale (außerhalb der Zellen) und das zelluläre (innerhalb der Zellen). Das humorale System verfügt über sogenannte Gedächtniszellen, die aber selbst keine Krankheitserreger angreifen. Unser Immunsystem ist unsere erste Verteidigungslinie gegen Eindringlinge wie Viren, Bakterien, Parasiten, Mykoplasmen und andere Entzündungen, die im Körper Unheil anrichten. Daher sind gesunde Nahrung und natürliche Therapien so wichtig für seine Funktion. Das Immunsystem hat sich beim Menschen so entwickelt, dass es gegen pathogene Mikroorganismen und Krebs schützt. Knochenmark und Thymusdrüse sind die primären lymphatischen Organe, die die Zellen des Immunsystems bilden und ausprägen. Zu den sekundären lymphatischen Organen zählen Lymphknoten, Milz und schleimhautassoziiertes lymphatisches Gewebe in verschiedenen Schleimhäuten. Daher ist eine gute Versorgung mit Mineralien, Vitaminen, essenziellen Fett- und Aminosäuren für den Erhalt des Immunsystems unerlässlich. Wenn Ihr Immunsystem stark und gesund ist, sind Sie es auch.

EF: Wir wissen, dass gesunde Ernährung wichtig ist, aber die meisten Menschen glauben immer noch nicht, dass Nahrung heilen kann.

GA: Nahrung ist Medizin. Hippokrates, der Vater der modernen Medizin, hat schon vor Jahrhunderten gesagt: »Lass Nahrung deine Medizin sein und Medizin deine Nahrung!« Entscheidend ist, dass Nahrung für die Gesundheit grundlegend ist. Und richtig zubereitete Suppen sind für Körper und

Seele besonders nahrhaft, da sie die Aufnahme von Mineralien und Vitaminen erleichtern.

EF: Saft-Detox ist in den letzten Jahren sehr beliebt, die medizinischen Vorteile des Suppen-Detox beginnen wir dagegen erst zu erkennen. Was ist Ihrer Meinung nach besser für die Entgiftung, Saft- oder Supen-Detox?

GA: Ich ziehe die Entgiftung mit Suppen und Brühen dem Saft-Detox vor, da sie stärker sättigen und einen niedrigeren glykämischen Index haben. Der Blutzucker bleibt ausgeglichener, was einen vermehrten Hefepilzbefall verhindert. Die meisten von uns reagieren stark auf zuckerreiche Nahrung. Saftfasten wirkt sich auf die Bauchspeicheldrüse aus, was ohne ausreichende Kontrolle zu Insulinresistenz führen kann. Mit vollwertigen Suppen haben wir das Problem nicht, sie sättigen stärker und erhöhen während der Entgiftung das Wohlbefinden.

EF: Auf welche Weise entsorgt unser Körper Toxine, wenn wir Suppe essen?

GA: Suppe entzieht den Organen auf sanfte Weise die Giftstoffe und erlaubt dem Körper, sich selbst zu heilen und zur Balance zurückzufinden. Sie regt unseren Stoffwechsel an, und wir verlieren überschüssige Pfunde aus dem ungesunden Fettgewebe, was Gesundheit und Wohlbefinden steigert.

EF: Was sind die besten entzündungshemmenden Suppenzutaten?

GA: Kurkuma, Ingwer, Knoblauch, Zwiebeln, Olivenöl, Rote Bete, dunkle Blattgemüse, Tomaten und Paprika. Wenn Sie sich angeschlagen fühlen, empfehle ich Soupelinas Heilende Gemüsebrühe mit meinen Gewürzen und Zwiebel. Der reinste Zaubertrank!

DR. AGOLLIS GESUNDE GEWÜRZMISCHUNG »DER ELFTE HIMMEL« BRINGT WÜRZE IN IHR LEBEN:

2 EL geräuchertes Paprikapulver
1 EL Knoblauchpulver
1 EL getrockneter Oregano
1 EL Zwiebelpulver
1 EL getrocknetes Basilikum
2 TL getrockneter Thymian
1 ½ TL frisch gemahlener
schwarzer Pfeffer
1 ½ TL feinkörniges Meersalz
1 TL frisch gemahlener weißer
Pfeffer (nach Wunsch)
1 TL Cayennepfeffer
½ TL gemahlenes Kurkuma

Volksmedizin

Seit Urzeiten haben menschliche Kulturen mit verschiedenen Mitteln und Methoden wie Pflanzen, Heilriten oder durch Glauben Krankheiten geheilt. Das entsprechende Wissen wurde von Generation zu Generation weitergereicht. In letzter Zeit ist die Besinnung auf diese alten Heilweisen wieder in Mode gekommen, nachdem der moderne Mensch anscheinend vergessen hat, wie er richtig auf sich achten und gesund bleiben bzw. werden kann. Wir haben uns von Ärzten, Medikamenten und Fertignahrung abhängig gemacht und kennen unseren eigenen Körper nicht mehr.

Angesichts explodierender Gesundheitskosten ist unsere Eigenverantwortung in Sachen Gesundheit heute mehr denn je gefragt. Daher verwundert die Beliebtheit von Natur- und Hausmitteln nicht. Denn sie funktionieren.

Als ich Kind war, bekämpfte man in meiner Familie leichte Beschwerden mit kalten oder heißen Wickeln, Packungen und Bädern. Warme Teebeutel gegen Bindehautentzündung, Walnussbaumrinde gegen Zahnschmerzen, gebackene Zwiebeln gegen Zysten, Senfbäder bei Halsschmerzen, Backnatron bei Verstopfung … Nur bei starken Beschwerden ging man zum Arzt.

Ich glaube an die Kraft der Pflanzen und an Althergebrachtes. Volks- und Naturheilmittel sind zwar kein Ersatz für die Schulmedizin, aber sie können Arztbesuche reduzieren und chronische Erkrankungen verhindern helfen. Tun Sie diese Mittel nicht einfach ab, sondern fragen Sie Ihre Mutter und Großmütter nach ihren Geheimrezepten. Zudem gibt es Bücher, die hilfreiche Hausmittel gegen häufige Beschwerden wie Insektenstiche, Rückenschmerzen, Fieber oder Ohrenentzündungen beschreiben, die man bedenkenlos anwenden kann, zum Beispiel *1001 bewährte Hausmittel: Zuverlässig wirksame Anwendungen bei Alltagsbeschwerden* (Reader's Digest Verlag) oder *Hausmittel für die ganze Familie* von Cosima Bellersen Quirini (Ulmer Verlag).

3

LOS GEHT'S

Ich weiß, Sie können die Suppe kaum noch erwarten. Unter Umständen haben Sie sogar die beiden ersten Kapitel überblättert und erst mal nur die Rezepte durchgesehen. Ja, genau Sie! Deshalb schreiten wir also jetzt zum Wesentlichen und bereiten die Küche für Ihr neues Leben vor.

ᘓᓚ DAS WICHTIGSTE ZUERST ᓮᕤ

Um sich auf Ihr Suppen-Abenteuer zu begeben, müssen Sie vorbereitet sein. Haben Sie alles, was Sie brauchen? Hier eine kurze Übersicht, was wichtig ist:

Setzen Sie sich ein Ziel. Es sollte erreichbar, aber auch eine Herausforderung sein. Lassen Sie sich wirklich auf den Detox ein. Setzen Sie ein Datum fest, sagen Sie alle Essenseinladungen ab und bleiben Sie bei Ihrem Plan. Auch wenn Sie unbedingt wieder in die Jeans vom letzten Jahr passen wollen, denken Sie bitte zuerst an Ihre Gesundheit. Beginnen Sie den Detox nicht kurz vor einer Party, wenn Sie auf das Buffet nicht verzichten können.

Teilen Sie. Veränderungen fallen schwerer, wenn man sie alleine angeht. Suchen Sie sich Mitstreiter – Partner, Freunde oder auch Kinder, die mitmachen. So können Sie sich gegenseitig unterstützen. Verzagen Sie aber nicht, wenn Sie alleine sind. Ich zeige Ihnen, wie Sie die Tage des Detox ausfüllen können, ohne das Gefühl, dass etwas fehlt.

Machen Sie es zum Erlebnis. Das Wort »Entgiftung« kann sich zunächst ein bisschen einschüchternd anhören. Nehmen Sie sie als Abenteuer und als Gelegenheit für neue Erfahrungen. Erkunden Sie Wochenmärkte oder Ecken der Stadt, an denen Sie noch nie waren, gehen Sie wandern, probieren Sie Meditation aus ... Sie wissen, was ich meine.

Misten Sie aus. Räumen Sie Küche und Vorratskammer auf, leeren Sie den Kühlschrank und füllen Sie alles mit frischen Produkten, Gewürzen, Kräutern und Hülsenfrüchten, immer in Bio-Qualität.

Jetzt sind Sie bereit, auf den Pudding zu hauen – ich meine natürlich in die Suppe!

Küchenutensilien

Es ist, als sei Suppe für uns, die wir unsere Gesundheit in die Hand nehmen und unser Leben ändern wollen, gemacht. Suppe nimmt wenig übel, ist relativ einfach zu kochen, und man benötigt keinen Gerätepark dazu. Ich bin sicher, Sie besitzen bereits einiges an Töpfen, Pfannen und Backblechen. Für Super-Suppen benötigen Sie aber zusätzlich ein paar Dinge, die das Zubereiten einfacher und die Suppe leckerer machen.

Hier meine Liste der unverzichtbaren Suppenhelfer:

+ **Töpfe** sind das Wichtigste im Suppenuniversum. Ist der Topf falsch, schmeckt die Suppe nicht. Suppen sind mir eine Herzensangelegenheit. Der Topf sollte einen kräftigen Boden haben, damit das Gemüse nicht ansetzt oder anbrennt. Beschichtete Töpfe und Teflon-Pfannen haben in der neuen, gesunden Suppenküche keinen Platz, denn die Beschichtung besteht aus giftigen Chemikalien, die Töpfe und Pfannen zum Gesundheitsrisiko machen.

Ich liebe Kupfertöpfe, da sie die Hitze so gut verteilen. Edelstahltöpfe und -pfannen sind ebenfalls geeignet. Sie sehen sehr professionell aus, sollten aber einen Boden aus Aluminium oder Kupfer haben. Für die meisten Suppen reicht ein 5-Liter-Suppentopf völlig aus. Wenn Sie Ihre Suppenliebe entdecken, können Sie immer noch einen 10-Liter-Topf kaufen.

+ **Bratpfannen** sind wichtig zum Anbraten. Entsorgen Sie aber beschichtete Pfannen. Ich verwende nur meine altehrwürdige, geliebte, schwere gusseiserne Pfanne, die selbst eine einfache Zwiebel zum Genuss macht. Gusseisernes Kochgeschirr wird seit Jahrhunderten verwendet, und das hat seine Gründe. Es ist einfach gut.

+ **Vitamix Standmixer.** Er ist einfach ein Muss in der Suppenküche! Dieser leistungsstarke Mixer verändert alles. Wie kann man sonst heiße und kalte Suppen pürieren? Ich verwende ihn mehrfach täglich und nehme ihn sogar auf Reisen mit. Der Vitamix ist nicht billig, aber er ist seinen Preis wert und wird Sie ewig begleiten. Ich habe andere Hochleistungsmixer getestet, aber keiner kann mit ihm mithalten. Auf gutem zweiten Platz liegt der Blendtec. Mit einem Pürierstab kann man Suppen zwar im Topf pürieren, was ein paar

Arbeitsschritte spart, aber die Konsistenz gefällt mir` nicht, besonders nicht bei al dente gekochtem Gemüse.

+ Sparschäler. Gute Sparschäler sind nicht leicht zu finden. Ich habe mindestens ein Dutzend, und der beste stammt aus einem kleinen Asialaden. Sparschäler sollten gut in der Hand liegen und eine scharfe Klinge haben, aber ohne Wellenschliff.

+ Scharfe Messer sind in jeder Küche unerlässlich. Ich besitze viele Messer, scheine aber ein Faible für Keramikmesser zu haben. Ich finde sie praktischer, leichter und hygienischer. Keramikmesser sind nicht sehr porös, die Klinge überträgt also den Geruch von Knoblauch beispielsweise nicht auf die Tomate. Auch Schärfe überträgt sich so nicht. Sie rosten nicht und bleiben über Jahre scharf. Ich nutze ein Kochmesser, ein kleines Schälmesser und ein Tomatenmesser mit Sägezahnung.

+ Knoblauchpresse. Mein Lieblingsküchengerät neben dem Vitamix. Ich gehe nirgendwohin ohne sie – vermutlich, weil ich Knoblauch so liebe! Wie beim Sparschäler ist es schwer, eine gute Presse zu finden, die lange hält. Manche zerbrechen schon nach wenigen Tagen. Die Presse, die am längsten gehalten hat, stammte von einem Markt in Barcelona. Derzeit mache ich gute Erfahrungen mit einer Ikea-Presse.

+ Schneidebretter braucht man immer. Besorgen Sie sich gleich mehrere: ein großes für große Blattgemüse und Kürbis, ein kleineres für Tomaten, Zwiebeln, Avocados und Kräuter. Ich ziehe Holz- oder Bambusbretter, die sich erdiger und natürlicher anfühlen, glatten Kunststoffbrettern vor.

+ Backbleche oder die Fettpfanne sind wahre Wunderwaffen, wenn es darum geht, Kürbisse, Karotten, Süßkartoffeln oder Rüben in köstlich geröstete Gemüsehappen zu verwandeln. Die Backbleche sollten aus Metall sein und flache Ränder haben, damit die Hitze von allen Seiten an das Gemüse herankommt. Backpapier oder Alufolie sorgen für einfache Reinigung.

+ Holz- und Silikonlöffel sind ideal zum Braten, Rühren und Schöpfen. Ich habe eine große Sammlung altehrwürdiger Holzlöffel, ohne die ich nicht leben könnte! Silikonlöffel und -spatel eignen sich für hohe Temperaturen und sind ideal, um auch den letzten Rest aus dem Vitamix zu kratzen, wenn er sein Werk vollbracht hat.

+ Messbecher. Er ist wahrscheinlich in den meisten Küchen bereits vorhanden und macht das Leben einfach leichter – besonders Küchenneulingen.

+ Gemüsebürste. Eine gute Ergänzung für die gesunde Küche. Natürlich bevorzuge ich eine hölzerne Bürste mit weichen und festen Naturborsten.

+ Schöpfkellen. Die Wahl der richtigen Kelle ist wie die Wahl des richtigen Partners! Wirklich, Kellen sind enorm wichtig, fehlen aber in vielen sonst gut sortierten Küchen. Meine geliebte All-Clad-Stahlkelle ist nicht nur der ideale Suppenhelfer, sondern auch mein Glücksbringer – ein Geschenk meiner Töchter Madeline und Isabelle mit »Soupelina«-Gravur.

+ **Küchenwaage.** Sie ist kein Muss, aber sehr hilfreich – besonders für Kochanfänger, die noch kein Gespür für Mengen haben. Wählen Sie eine Waage mit Tara-Taste.

+ **Einmachgläser** sind perfekt zum Aufbewahren oder für den Transport von Suppe. Sie sind stabil, spülmaschinenfest und nehmen keine Aromen an. Man kann sogar aus ihnen essen. Außerdem sehen sie hübsch aus!

+ **Musik zum Kochen** – ist absolut wichtig! Meine Musikauswahl wechselt wie mein Gemüse mit den Jahreszeiten. Im Herbst höre ich gerne Melody Gardot und meine Tochter Madeline, im Winter liebe ich Ella Fitzgerald und Nat King Cole, das Frühjahr ist meine Lana-Del-Ray-Phase, und im Sommer höre ich Steve Tyrell. Wählen Sie Musik, die Sie kreativ macht. Nichts passt besser zusammen als gutes Essen und gute Musik.

GUTE SUPPE BRAUCHT GUTES WASSER

Wasser ist beim Suppenkochen enorm wichtig. Es muss gutes Wasser sein. Wenn das Wasser schon nicht gut ist, wie soll die Suppe dann heilen? Durch gechlortes Wasser kann der feine Geschmack einer Suppe völlig ruiniert werden, ganz zu schweigen von den giftigen Rückständen, die beim Kochen oder beim Waschen der Gemüse zurückbleiben. Nutzen Sie daher gefiltertes, gereinigtes oder Quellwasser. Während einer Krebsbehandlung ist es zudem ratsam, Gemüse in einem Bad aus Wasserstoffperoxid in Lebensmittelqualität zu reinigen, damit es wirklich sauber ist.

Sie werden feststellen, dass ich meine Gemüsesuppen lieber mit Wasser als mit Brühe koche. Ich mag es, wenn mein wunderbares Gemüse im eigenen Saft kocht. So bleibt der Eigengeschmack erhalten und wird nicht durch die Aromen der Brühe verfälscht. Der beim Kochen entstehende Fond gibt meines Erachtens den besten Geschmack. Eine Brühe ist für mich eine eigene Mahlzeit und keine Kochzutat.

Die Zutaten

Bevor ich im Februar 2013 Soupelina gründete, waren langweilige Supermarkt- und Konservensuppen mit unaussprechlichen Zutaten meine einzige Option. Selbst Suppen in guten Restaurants enthielten Milchprodukte, Nüsse, Soja und andere Allergene und manche sogar Zucker, wodurch sie – weil eher ungesund – eine wenig reizvolle Wahl blieben. Dies wollte ich durch meine Suppen ändern, die so rein sind wie die regionalen Bio-Saisongemüse, die ich zum Kochen verwende. Als Journalistin wollte ich aber auch Menschen aufklären, warum Suppen, die aus qualitativ hochwertigem Gemüse langsam gegart werden, so dass sie all ihre Nährstoffe freisetzen können, für die Heilung unseres Verdauungssystems so wichtig sind.

Dass Nahrung Medizin ist, wissen wir bereits. Suppen gehen noch einen Schritt weiter, denn nicht nur Gemüse, sondern auch Kräuter und Gewürze haben – vor allem in speziellen Kombinationen – medizinische Wirkung. Für eine heilende Suppe müssen Sie ihre Zutaten handverlesen und ganz frisches Gemüse wählen, nicht die traurigen Reste von der letzten Woche.

Der Geschmack und der ganzheitliche Gedanke sollten noch lange nach dem Essen der Suppe in Ihnen nachklingen. Es geht nicht nur um den darin verwendeten Kürbis oder Fenchel, sondern darum, wofür Kürbis und Fenchel stehen, und das ist viel mehr als nur der Topf Suppe.

Daher werden Sie in diesem Buch auch keine der üblichen Suppen finden, wie Sie sie kennen, wie Tomatencremesuppe, sämige Fischsuppe oder Minestrone. Neben dem Gesundheitsaspekt hat mich mein Unterbewusstsein beim Kreieren dieser Suppen geleitet, obwohl der Prozess sehr bewusst war. Grundsätzlich habe ich mich vom saisonalen Angebot, meinen Reisen, besonderen Erfahrungen und Kindheitserinnerungen inspirieren lassen, diese aber modern interpretiert. Wenn Sie das Suppenreich betreten, werden Sie immer wieder auf bestimmte Gemüse und Gewürze stoßen und sich fragen, warum Sie vorher nie davon gehört haben. Mein Ziel ist es, Sie an neue Zutaten heranzuführen und zu einer anderen Ernährung zu inspirieren.

Und nun Trommelwirbel, bitte … Hier kommen die Super-Suppenzutaten. Viel Spaß damit. Und sagen Sie es ruhig weiter.

Keine Angst, wenn Sie eine Zutat, wie etwa Kaffir-Limetten, nicht kennen. Die Beschreibung unten und das Internet helfen Ihnen bestimmt weiter. Meine Rezepte lassen sich zudem leicht anpassen. Sie sind herzlich eingeladen, selbst zu experimentieren und eigene Kreationen daraus zu machen!

Pilze

Pilze werden seit Jahrtausenden als Medizin verwendet, und ihre Wirkung ist durch viele Studien belegt. Wie stark diese Wirkung sein kann, habe ich schon früh erfahren. Als Kind ging ich im Wald Pilze sammeln und erinnere mich heute noch an einige der Unterscheidungsmerkmale zwischen essbaren und giftigen Exemplaren. Ich habe Pilze immer geliebt, aber ihre Heilkraft ist sozusagen das Sahnehäubchen! Auch die TCM ist von der Heilkraft der Pilze überzeugt, besonders zur Krebsvorbeugung. In vielen meiner Rezepte finden Sie daher Shiitake – ich bekomme einfach nicht genug von ihnen. Pilze liefern all die Nährstoffe, wie Verdauungsenzyme, Proteine, B-Vitamine und Vitamin D_2, die unser Körper zur Energieerzeugung und für die Zellreparatur benötigt. Ihre Immunwirkung ist einfach erstaunlich: Es hat sich gezeigt, dass sie Sehkraft und Gehör verbessern, Kopfschmerzen und Infektionen lindern und vieles mehr.

Shiitake. Diese antiviralen, das Immunsystem stärkenden, cholesterinsenkenden Pilze sind reich an Lentinan, einem Beta-Glukan-Polysaccharid, das für seine immunstärkende Wirkung bekannt ist. Lentinan wird in Japan als Begleittherapie zur Krebsbekämpfung eingesetzt, da es zur Tumorrückbildung beiträgt.

Weiße Champignons. Ihre Kraft liegt in ihrem Gehalt an konjugierter Linolsäure, die für die Krebsbekämpfung wichtig ist, da sie die Effekte des Enzyms Aromatase abschwächt, das mit hohen Östrogenwerten in Verbindung gebracht wird.

Gemüse

Avocado. Sie liefert reduziertes Glutathion, einen Baustein der zur Leberreinigung wichtigen Aminosäure Glutaminsäure. Avocados schützen vor freien Radikalen, wirken stark entzündungshemmend, senken den Cholesterinspiegel und stecken voller sekundärer Pflanzenstoffe mit gesundheitlichem Nutzen.

Blumenkohl. Als ausgezeichnete Quelle für Vitamin K und Omega-3-Fettsäuren, steckt Blumenkohl voller sekundärer Pflanzenstoffe, wirkt stark entzündungshemmend und enthält Antioxidantien. Er senkt das Krebsrisiko, indem er die oxidative Belastung der Zellen mindert.

Brunnenkresse. Reich an Vitamin C, gehört die Brunnenkresse zur Senffamilie, die antibiotische Wirkung hat, aber gesunde Bakterien nicht angreift. Sie stärkt das Immunsystem, regt die Verdauung an und soll gegen Pickel helfen. Ihr hoher Kaliumgehalt fördert einen gesunden Nachtschlaf.

Fenchel. Fenchel wird meiner Meinung nach viel zu wenig geschätzt. Er wirkt Wunder bei der Verdauung und bei Magenproblemen wie Blähbauch oder Völlegefühl. Zudem hat er eine stark reinigende Wirkung, bricht Nierensteine auf, reinigt die Leber und hilft sogar bei Wurmerkrankungen.

Gurke. Sowohl frisch als auch eingelegt hilft Gurke beim Ausspülen der Toxine aus dem Körper, kühlt und wirkt entzündungshemmend, erfrischt den Atem, rehydriert den Körper und kann sogar Krebs bekämpfen helfen.

Kartoffel. Wegen ihres hohen Kohlenhydratgehalts werden die Knollen in manchen gesundheitsbewussten Kreisen gemieden. Tatsächlich aber haben Kartoffeln starke medizinische Kräfte, solange man sie nicht in Seen aus Öl frittiert. Ihr Nährwert ist seit Jahrhunderten bekannt. Kartoffeln enthalten Ballaststoffe, B-Vitamine und Vitamin C sowie wichtige Mineralien. Sie wirken entgiftend, können Magengeschwüre heilen und wirken entzündungshemmend. Ihre Schale ist reich an Kalium und Chlorogensäure, die gegen krebsauslösende Zellmutationen helfen können.

Kohlrabi. Das Gemüse aus der Familie der Kreuzblütengewächse (Brassicaceae) ist genauso toll, wie es aussieht. Es ist reich an sekundären Pflanzenstoffen, die zur Krebsprävention wichtig sind. Zudem wirkt es aufgrund seines hohen Vitamin-C-Gehalts stark antioxidativ, stärkt das Immunsystem und steckt voller Ballaststoffe.

Lauch. Das legendäre Gemüse ist seit Jahrhunderten beliebt und seine Vorzüge bekannt. Es hilft gegen Erkältungen und Grippe, stärkt das Immunsystem, regt den Appetit an, hält die Blutgefäße geschmeidig und verhindert frühzeitiges Altern.

Löwenzahn. Löwenzahnblätter werden zur Behandlung von Leberproblemen, Nierenerkrankungen, Schwellungen, Sodbrennen und Hautproblemen verwendet. Die TCM verschreibt Löwenzahn bei Magenbeschwerden und Brustentzündungen. Die Blätter regen die Gallenproduktion an und tragen so zur Reinigung von Leber und Gallenblase bei.

Rauke und Romana-Salat. Diese Salate gleichen unseren Säure-Basen-Haushalt aus, helfen bei der Entgiftung, reinigen den Darm und regen mit ihrem leicht bitteren Aroma Leber und Gallenblase an.

Stangensellerie. Hippokrates verschrieb Staudensellerie wegen seines hohen Kalziumgehalts zur Nervenberuhigung. Reich an Spurenelementen, die zur Weitung der Blutgefäße beitragen, was den Abtransport von Abfallstoffen zur Leber fördert, versorgt der gesamte Sellerie (auch Knolle und Samen) den Körper mit basischen Mineralien. Er reinigt Blut und Nieren und ist ein Lebertonikum.

Süßkartoffel. Vollgepackt mit Eisen und den Vitaminen A, B9 und C, ist sie für ihre Wirkung gegen Krebs bekannt, hebt aber auch die Stimmung und verlangsamt den Alterungsprozess. In der TCM stärkt die Süßkartoffel das Milz-Qi und gilt als lebensverlängernd.

Topinambur. Die kartoffelähnliche Blütenknolle ist einer der besten Ballaststofflieferanten und eine großartige Quelle für die antioxidativ wirkenden Vitamine A, C und E, für Eisen und Kalium. Die Ballaststoffe können vorbeugend gegen Darmkrebs wirken und helfen, Giftstoffe aus dem Darm abzutransportieren, während die Vitamine und das herzfreundliche Kalium ebenfalls Krebs vorbeugen, blutdrucksenkend wirken und gegen virale Infekte und Husten helfen.

Wassermelonenschale. Für mich ist Wassermelonenschale das neue Superfood, und die aktuelle Forschung stützt dies. Der landwirtschaftliche Forschungsservice des US-Landwirtschaftsministeriums USDA hat herausgefunden, dass sie Citrullin enthält, eine Aminosäure, die hilft, Stickstoff aus dem Blut zu entfernen, das Immunsystem anregt und krebsbekämpfend wirkt.

Weinblätter. Diese Eckpfeiler der mediterranen Küche sind reich an den Vitaminen A, B2, B3, B6, B9, C, E und K sowie an Ballaststoffen, Eisen, Kalzium, Magnesium, Kupfer und Mangan. Und dazu sind sie eine überraschend gute Quelle für Omega-3-Fettsäuren, fördern die Herzgesundheit, einen jugendlich aussehenden Körper sowie einen wachen Geist und gesunde Knochen.

Weißkohl. Weißkohl ist ein exzellenter Entzündungshemmer, enthält Milchsäure (die den Darm desinfiziert), sekundäre Pflanzenstoffe (wichtig zur Krebsprävention) und die allgemein gesundheitsförderlichen Vitamine A und C.

Meeresgemüse

Kombu und Wakame. Diese Grundpfeiler der japanischen Küche sind essbare Algen, die im Ozean wachsen. Sie werden in Suppen, als Naturheilmittel und als Hausmittel eingesetzt, da sie reich an Mineralien und Nährstoffen sind.

Kombu ist dafür bekannt, das Risiko einer Brustkrebserkrankung zu senken. Man vermutet, dass die Lignane in den Algen dafür verantwortlich sind, dass Brustkrebs bei Japanerinnen, die regelmäßig Kombu essen, seltener auftritt. Zudem hilft die Alge bei Energiemangel und Magenproblemen.

Wakame ist reich an Jod, Kalzium und den Vitaminen A, B12, C, D, E, K und stärkt das Immunsystem kräftig.

Wurzelgemüse

Es hat schon seine Gründe, dass viele Kulturen Wurzelgemüse seit Jahrhunderten sehr schätzen. In der TCM haben Wurzelgemüse Yang-Qualitäten (siehe S. 44) und sind mit die besten Lieferanten für Vitamine und Mineralien.

Daikon. Dieser große Rettich zeigt erstaunliche Heilkräfte: Er fördert die Verdauung, reinigt das Blut, steigert die Energie und hilft bei der Krebsprävention. Zudem unterstützt Daikon die Leber beim Abbau von Giftstoffen, hilft den Nieren bei der Ausscheidung überschüssigen Wassers und wirkt schleimlösend. In Asien gilt er zudem als Fettverbrenner und unterstützend beim Abnehmen.

Ingwer. Er hilft bei der Reinigung und Entgiftung des gesamten Verdauungstrakts. Seine stark antibakterielle Wirkung schützt den Körper vor Krankheitserregern.

Karotten. Wussten Sie, dass Karotten zunächst als Medizin und erst viel später als Gemüse genutzt wurden? Reich an B-Vitaminen sowie Vitamin A, C und E sowie an Phosphor, Kalium und Kalzium, geben Karotten der Leber viel Energie. Sie wirken entgiftend und fördern die Gesundheit von Haut,

Haaren und Knochen. Karottensuppe verlangsamt Bakterienwachstum und liefert eine Fülle an Carotinoiden, deren antioxidative Wirkung die Anzahl der freien Radikale im Körper reduziert, was krebsbekämpfend wirkt.

Knoblauch. Als eine der ältesten Heilpflanzen stärkt sie das Immunsystem und hat pilz-, viren- und bakterienbekämpfende Wirkung. Im Ayurveda wird Knoblauch gegen Krebs verschrieben. Zudem wirkt er blutdruck- und cholesterinsenkend. Um seine antibiotische Wirkung zu entfalten, muss er zerstoßen, gehackt oder zermahlen werden.

Knollensellerie. Wie die Stengel ist auch die Wurzel des Selleries reich an Spurenelementen, die die Weitung der Blutgefäße fördern, wodurch Abfallstoffe schneller zur Leber gelangen und ausgeschieden werden können. Zudem versorgt sie den Körper mit basischen Mineralien.

Rote Bete. Sie zählt zu den gesündesten Gemüsen unseres Planeten. Meine russischen Vorfahren machen die roten Rüben (ob eingelegt, gekocht oder gebraten) für ihre sprichwörtliche Langlebigkeit verantwortlich. Reich an Beta-Carotin und Flavonoiden, wichtigen Nährstoffen für die Leberentgiftung, kann Rote Bete zudem vorbeugend gegen Herzerkrankungen und Krebs – besonders Darmkrebs – wirken.

Thai-Ingwer. Die auch Galgant genannte Wurzel aus der Ingwerfamilie wirkt entzündungshemmend, regt die Verdauung an und lindert Verstopfung. In Asien wird sie als Mittel gegen Schnupfen und Atemwegserkrankungen verschrieben und wirkt zudem antioxidativ und hilft so gegen freie Radikale.

Zwiebel. Sie stärkt das Immunsystem, wirkt schmerzlindernd und entzündungshemmend. Studien zeigen, dass sie das Krebsrisiko senken und – besonders während der Menopause – die Knochendichte steigern kann. Zudem regt sie die Produktion der Verdauungssäfte an.

Hülsenfrüchte

Mungbohnen (gelb und grün). In der ostasiatischen Küche werden Mungbohnen besonders geschätzt. Sie wirken entgiftend, sind reich an Proteinen, Phosphor, Eisen, B-Vitaminen und den Vitaminen A und C. Auch im Ayurveda spielen sie eine wichtige Rolle, wo sie als die Blutfette reduzierend, das Tumorwachstum unterdrückend, Leber und Nieren schützend und Allergien verhindernd gelten. Für mich war der Verzehr von Mungbohnen entscheidend, da ihre Proteaseinhibitoren dafür bekannt sind, die Bildung von Tumorzellen zu blockieren und zu verhindern.

Rote und grüne Linsen. Mit ihrem hohen Protein- und Nährstoffgehalt versorgen Linsen den Körper mit den nötigen Aminosäuren, um wirkungsvoll zu entgiften. Sie sind zudem eine gute Quelle für Vitamin B9, lösliche Ballaststoffe, Magnesium und Eisen. Wenn ich kraftlos bin, kann ich immer auf Linsen zählen.

Tamarinde. Diese Hülsenfrucht ist so gut für die Verdauung und beugt Verstopfung so zuverlässig vor, dass Sie es bedauern werden, das nicht früher gewusst zu haben. Ich liebe ihren säuerlich-herben Geschmack und schätze ihre antioxidative Wirkung. Im Herbst beugt sie wunderbar Erkältungen vor.

Zitrusfrüchte

Zitrone und Limette. Diese Früchte bringen die Leber auf Touren und helfen, die Darmentleerung zu stimulieren. Wir alle wissen, dass Zitronen und Limetten voller Vitamin C stecken, dem immunstärkenden Vitamin an sich. Aber sie können noch mehr. Sie enthalten 22 Inhaltsstoffe, die Krebs entgegenwirken, wie etwa Limonen, das nachweislich das Wachstum von Tumorzellen verlangsamen und sogar stoppen kann. Daneben enthalten sie Flavonolglykoside, die die Teilung von Krebszellen verhindern können. Obwohl beide säurehaltig sind, haben sie im Körper eine basische Wirkung. Sie reinigen von freien Radikalen und wirken antiseptisch, antiviral und stimulierend.

Kräuter

Frisch sind sie immer am besten. Ist das nicht möglich, verwenden Sie, was Sie bekommen. Versuchen Sie aber auch, Kräuter selbst anzubauen. Das ist – nach dem, was ich von anderen höre – recht einfach, ich selbst habe aber keinen grünen Daumen. Bei gekauften getrockneten Kräutern weiß man nie, wie alt sie sind und welche Inhaltsstoffe noch überlebt haben. Kräuter selbst zu trocknen ist da besser und geht ganz einfach, ohne Hilfsmittel. Hängen Sie die vom Stengel gezupften Blätter einfach in einem Stoffbeutel an einen trockenen Ort. Nach nur wenigen Tagen haben Sie eigene getrocknete Gourmet-Kräuter. Den Unterschied zu gekaufter Ware schmeckt man sofort, denn diese Kräuter bersten fast vor Aroma.

Verwenden Sie reichlich Kräuter – ob Basilikum, Minze, Petersilie, Koriander oder Bockshornklee –, denn sie geben Suppen eine tolle aromatische Tiefe.

Basilikum. Das stark entzündungshemmende Kraut hilft, den Körper zu kühlen und zu beruhigen, was für die Reinigung und Entgiftung wichtig ist. Im Ayurveda wird Basilikum zur Behandlung von Magen-, Nieren- und Blutkrankheiten genutzt. Ich schätze auch seine stimmungsaufhellende Wirkung.

Bockshornklee. Ein weiteres Heilkraut, das zur Verdauungsförderung eingesetzt wird. Es stimuliert zudem den Uterus und senkt Blutzucker- und Cholesterinspiegel.

Dill. Das seit Jahrhunderten genutzte Kraut wird in meiner Familie sehr geschätzt und wirkt wunderbar positiv auf die Verdauung, gegen Schlaflosigkeit, PMS und sogar gegen Krebs.

Kaffir-Limettenblätter. Die Kaffir-Limette ist kleiner als die üblichen Limetten und besitzt einen exotischen Geschmack. Ihre Blätter sind in Thailand so beliebt, dass angeblich jede Familie auf dem Land mindestens einen Baum im Garten hat. Sie sind gut für die Verdauung, das Blut und gesundes Zahnfleisch. Alternativ kann man einfach eine normale Limette verwenden – die Suppe wird auch damit wunderbar schmecken!

Koriander. Er unterstützt die Ausschwemmung von Schwermetallen, beruhigt die Verdauung, steigert die Nährstoffaufnahme und lindert Blähungen und Schmerzen.

Lorbeerblätter. Sie sorgen für besonders tiefes Aroma und verbessern jede Suppe. Reich an Vitamin A, B9 und C, stärken sie das Immunsystem und fördern die Verdauung.

Petersilie. Reich an Vitamin C und K, regt Petersilie die Blutzirkulation und die Verdauung an und unterstützt die Nieren.

Sauerampfer. Das in Europa wie Asien beliebte Wildkraut hat einen – wie der Name schon sagt – säuerlichen Geschmack, aber auch enormen gesundheitlichen Nutzen. Man sagt ihm nach, er stärke das Immunsystem, kräftige die Knochen, erhöhe die Energiereserven und verlangsame den Alterungsprozess. Besonders wertvoll aber macht den Sauerampfer seine präventive Wirkung gegen Krebs! Studien zeigen, dass Sauerampfer Polyphenole, Flavonoide und Anthozyanide enthält, die freie Radikale ausschalten, bevor diese Schaden in den Zellen anrichten können.

Thymian. Das Kraut wirkt antiseptisch, antibiotisch und als Verdauungs-tonikum. Es hilft nicht nur hervorragend gegen Husten und Schnupfen, son-dern enthält auch Thymol, ein wichtiges Bioflavonoid mit antioxidativer Wirkung. Thymian ist eine gute Quelle für Kalzium, Eisen, Magnesium, Vit-amin K und Ballaststoffe.

Zitronengras. Es besitzt viele heilende Eigenschaften. So wird es wegen seiner zusammenziehenden Wirkung als Adstringens genutzt, lindert Magen-probleme und -schmerzen, verbessert die Blutzirkulation und hilft gegen Ver-dauungsstörungen. Zudem wird es als Mittel gegen Erkältungen, Erschöpfung und Depressionen eingesetzt. Die Aromatherapie nutzt seine essenziellen Öle gegen Muskel- und Kopfschmerzen.

Gewürze

Cayennepfeffer. Das scharfe Gewürz fördert die Verdauung, indem es den Speichelfluss und die Sekretbildung im Magen anregt, und lindert zudem Erkältungen, Magen- und Darmprobleme. Seine Wirkung wird durch Kombination mit Knoblauch, Koriander, Zwiebeln, Zitronen und Ingwer noch verstärkt.

Himalayasalz. Dieses Salz enthält alle 84 für den Körper essenziellen Spurenelemente. Es wirkt im Körper basisch, steigert die Wasseraufnahme, verhindert Muskelkrämpfe, stärkt die Knochen, senkt den Blutdruck und wirkt entschlackend und entgiftend.

Kardamom. Im Ayurveda wird Kardamom zur Stimmungsaufhellung und für einen klaren Geist verschrieben. Das anregende Gewürz unterstützt das Verdauungssystem, entgiftet den Körper und öffnet die Energiebahnen.

Koriander. Gemahlener Koriander ist als Gewürz in indischen Suppen und Dhals beliebt, regt die Durchblutung an und lindert Infektionen, Ausschläge, Blähungen und Magenverstimmungen.

Kreuzkümmel. Ich liebe Kreuzkümmel – ein weiteres Standardgewürz meiner Küche! Er regt die Verdauung an, ist reich an Vitaminen und Mineralien und hilft gegen Schwäche und Erschöpfung.

Kurkuma. Auch Gelbwurz genannt, ist dies mein Lieblingsgewürz! Als ich das goldene Pulver entdeckte, war es Liebe auf den ersten Blick. Seit Jahrhunderten wird Kurkuma zur Heilung des Verdauungssystems genutzt. Es ist gut für Herz, Gehirnfunktion und Gelenke, wirkt entzündungshemmend und antioxidativ, greift Krebszellen an und verlangsamt den Alterungsprozess.

Safran. Aufgrund der aufwendigen Ernte sind die goldroten Fäden nicht eben billig, dafür benötigt man aber nur sehr wenig davon. Im Ayurveda ist Safran aufgrund seiner medizinischen und aphrodisischen Wirkung hoch geschätzt. Er ist ein Wundermittel, angefangen bei seinen verdauungsfördernden und appetitanregenden Eigenschaften bis hin zu seiner Wirksamkeit gegen Anämie, Depressionen, Schlaflosigkeit und sogar Unfruchtbarkeit!

Schwarzes Lavasalz. Schwarzes Salz ist ein ayurvedisches Wundermittel. Es gilt als das gesündeste Salz der Welt, da es den Natriumgehalt des Blutes

nicht erhöht, stark entschlackend wirkt, das Sehvermögen verbessert und Verdauungsprobleme heilt.

Senfsaat. Das Gewürz enthält Senfölglykoside, die eine präventive Wirkung gegen Krebs haben können, indem sie das Wachstum von Krebszellen hemmen. Ich liebe Senfsaat wegen ihrer antioxidativen Wirkung, ihres Beauty-Effekts (sie führt der Haut von innen Feuchtigkeit zu) und ihrer Wirksamkeit gegen Infektionen.

Öle

Kokosöl. Das als Superfood gepriesene Kokosfett hat viele gesundheitliche Vorteile, und ich nutze es sowohl für die Anregung des Stoffwechsels über die Verwendung in der Küche als auch zur Massage. Die in ihm enthaltene Laurinsäure ist sein Geheimnis – ein Fett, das sich beispielsweise in Muttermilch findet und von dem wir wissen, wie wichtig es für Babys ist. Unser Körper wandelt Laurinsäure in Monolaurin um, das antibakterielle, antivirale, antimykotische und beruhigende Wirkung hat.

Natives Olivenöl extra. Mit der Heilwirkung von Olivenöl hat sich inzwischen auch die Forschung eingehend befasst, aber schon die alten Griechen wussten darum: Sie nahmen jeden Morgen 1–2 Löffel davon für einen gesunden Darm und eine gute Verdauung ein. Unser Körper kann das an Vitamin E und Phenolen reiche Öl leicht verdauen, für die Reinigung der Gallenblase ist aber sein Chlorophyll verantwortlich. Man sollte aber nur rein biologisch angebautes natives Olivenöl extra verwenden.

Sesamöl. Wenn Sie Sesamöl noch nicht für sich entdeckt haben, werden Sie sich nun verlieben. Außer seinem intensiven Geschmack besitzt es – neben Sesamsamen – eine der höchsten Nährstoffdichten. Es ist reich an Eisen, Kalzium, Magnesium, Zink und Tryptophan, hilft bei der Krebsprävention, sorgt für gesunde Knochen, senkt den Blutdruck, fördert Herz- und Mundgesundheit, schützt vor Erbgutschäden und fördert die Verdauung.

❧❧ VERRÜCKT NACH NÜSSEN, OBST ODER SOJA? ❧❧

Ich liebe Nüsse. Sie sind ein sättigender Snack, stecken voller wichtiger Vitamine, Mineralien und guter Fette. Aber beim Detox gehören sie meiner Meinung nach auf die Nein-Liste. Sie sind nicht leicht verdaulich – eigentlich sind sie aufgrund ihrer harten Zellwände fast unverdaulich. Laut Dr. Richard Mattes, Ernährungswissenschaftler an der Purdue University, wird bis zu ein Fünftel ihres Fettgehalts nicht vom Körper aufgenommen. Auch gehören Nussallergien zu den häufigsten Verursachern von Darmbeschwerden. Laut der Cleveland Clinic können die Salicylate in Nüssen Darmprobleme verursachen und den Verdauungstrakt belasten. Warum also Nüsse essen, wenn uns wunderbares saisonales Gemüse zur Verfügung steht?

Obst ist der Hammer! Ich bekomme kaum genug, wenn Beeren, Pfirsiche und Kirschen endlich Saison haben. Was könnte besser sein als ein saftiger reifer Pfirsich oder ein erfrischendes Stück Wassermelone? Leider sind Früchte auch Zuckerbomben (sie sind gut für uns, aber ...), lassen den Blutzucker nach oben schnellen und stellen den Magen verdauungstechnisch vor Probleme, wenn sie mit Gemüse gemeinsam verzehrt werden. Wenn Sie also kein Fan von Blähungen sind, essen Sie Ihr Obst getrennt von der Gemüsesuppe. Ach ja, die Tomate ist eigentlich eine »Gemüsefrucht«, darf also mit den anderen Gemüsen in der Suppe schwimmen.

Soja ist sehr umstritten. Nachdem ich Dutzende, ja Tausende sich widersprechender Studien zu Soja gelesen habe, habe ich beschlossen, dass es sicherer ist, in meinen Suppen auf Soja zu verzichten. Fermentiertes Soja ist allerdings eine andere Sache, da es probiotisch und für den Körper einfach zu verdauen und aufzunehmen ist. Die Völker Asiens ernähren sich seit Jahrhunderten von vergorenen (fermentierten) Sojaprodukten wie Miso und Tempeh und sind dabei sehr gesund. Ansonsten ist Soja eher fragwürdig, sollte also gemieden werden.

4

SUPPEN-ÜBERRASCHUNGEN

Wenn dies Ihr erster Suppen-Detox ist: keine Angst, es ist nicht schwer. Sie werden weder hungrig noch energielos sein und auch nicht frieren. Alle, die nach Soupelina entgiften, schwärmen, wie gut sie sich dabei fühlen. Es geht darum, Ihre Selbstheilung zu aktivieren und Ihnen den Start in ein gesünderes Leben zu erleichtern. Der Detox soll Ihr Leben stressfreier machen und für innere Ruhe sorgen, nicht zusätzlichen Stress verursachen.

Lassen Sie mich einen Punkt noch einmal betonen: Sie müssen keine Kalorien zählen! Ich hasse es, und wen kümmern eigentlich Kalorien? Wir sind darauf programmiert, jeden Bissen, den wir verzehren, in Kalorien zu bemessen, aber keiner sagt uns, dass wir eigentlich Nährstoffe zählen sollten! Das ist ab jetzt Ihre wichtigste Aufgabe: Jeder Happen, der in Ihren Mund wandert, sollte voller Nährstoffe stecken – und voller Geschmack! Und davon können Sie so viel essen, wie Sie wollen.

Da wir diesen Punkt nun vom Tisch haben, machen wir uns endlich an die Suppe. Für die meisten ist der Detox ein Spaziergang, aber manche legen sich Stolpersteine in den Weg, sie kämpfen mit aufgestauten Emotionen und Heißhungerattacken, zumindest in den ersten Tagen und Nächten. Leider ist es nicht so einfach, die ungesunden Dinge aufzugeben, und der Körper versteht anfangs nicht, dass wir ihm etwas Gutes wollen. Das muss er erst wieder lernen.

Was ich aber so spannend und schön finde, ist, wie sehr Sie von dieser Entgiftung profitieren werden. Bis dahin gibt es aber noch ein paar Dinge, die zu tun sind.

So bereiten Sie Ihren Detox richtig vor

+ Machen Sie sich einen Plan

Pläne sind dazu da, einem das Leben zu erleichtern. Wie leicht Ihnen der Umstieg auf Suppen fällt, hängt auch davon ab, wie Sie sich vorher ernährt haben. Entscheiden Sie zunächst, wie lange Sie entgiften möchten. Testen Sie zunächst mit einem 3-Tage-Detox-Schub (siehe Kapitel 6), wie es läuft.

Essengehen, Snacks zwischendurch und auch der Besuch im Lieblingscafé sind in dieser Zeit tabu. Auch die Suppen wollen geplant und vorbereitet sein: fermentieren, Brühe einkochen, Gemüse einweichen. Ohne gute Planung kann das eine große Herausforderung sein.

+ Bereiten Sie Ihre Küche vor

Haben Sie alles, was Sie für die Entgiftung benötigen? Schieben Sie nichts bis zur letzten Minute auf und vergessen Sie den Gedanken, »mal eben« zu kochen, wenn Sie nach Hause kommen. Bereiten Sie alle Mahlzeiten am Vortag zu und nehmen Sie eine Portion mit, wenn Sie Angst haben, im Verkehr stecken zu bleiben oder zu einem Meeting zu müssen. Nichts ist schlimmer als die Schuldgefühle, wenn man hoch motiviert begonnen hat und dann ins Trudeln gerät, weil einem das Leben mal wieder querkommt – und das tut es nun einmal.

+ Bereiten Sie Ihren Körper vor

Kann man einfach so in die Entgiftung einsteigen? Das kommt darauf an, wo Sie stehen. Wer sich gesund ernährt, kann sofort einsteigen. Wer aber jeden Abend ein Glas Wein trinkt, Käse und Brot liebt … von Schokolade und Pommes frites ganz zu schweigen, benötigt wahrscheinlich eine Woche, um sich langsam umzustellen. Beginnen Sie damit, Fleisch nur noch zweimal die Woche zu essen, verzichten Sie völlig auf Milchprodukte, Alkohol, raffinierten Zucker (Weißzucker) und raffinierte Kohlenhydrate. Beschränken Sie sich beim Kaffee die ersten drei Tage jeweils auf eine Tasse, und trinken Sie dann den Rest der Woche stattdessen grünen Tee. Essen Sie mehr Gemüse, und genießen Sie ein paar Suppen.

Tun Sie sich während der Entgiftung etwas Gutes: Gönnen Sie sich eine Massage. Denken Sie auch an die Darmreinigung (mehr dazu in Kapitel 5) und kaufen Sie einen Irrigator.

+ Stellen Sie sich geistig auf den Detox ein

Kennen Sie dieses Teufelchen auf der Schulter, das flüstert: »Ach, die eine Scheibe frisches Sauerteigbrot kann nicht schaden«, oder: »Ein Tag mehr oder weniger, was macht das schon«? Es macht etwas! Sie haben aber die Macht, das Teufelchen verstummen zu lassen. Sagen Sie sich, dass Sie das Beste für Ihren Körper und Ihre Gesundheit tun und es das wert ist. Erinnern Sie sich bei Heißhungerattacken daran, dass Sie nicht Verzicht üben, sondern endlich ehrliches Essen genießen. Wenn Sie es nicht schon tun, führen Sie ab jetzt Tagebuch. Es ist ein ideales Mittel, um sich Ziele zu setzen, Fragen zu formulieren, sich Frust von der Seele zu schreiben und Erfolge zu feiern.

+ Seien Sie auf eine Erstverschlechterung gefasst

Sie sind zwar glücklich über Ihre Ernährungsumstellung, fühlen sich aber nicht in Top-Form? Keine Sorge, Ihr Körper stellt sich nur um. Wenn Sie entgiften, scheiden Sie überschüssige Toxine aus, und dabei spüren Sie vorübergehend eine körperliche Reaktion. Wissenschaftlich heißt sie Jarisch-Herxheimer-Reaktion (kurz Herx) und wurde nach dem deutschen Dermatologen Karl Herxheimer (1861–1942) und dem österreichischen Dermatologen Adolf Jarisch (1850–1902) benannt, die sie ursprünglich im 19. Jahrhundert bei der Syphilis-Erforschung entdeckten. Sie erkannten, dass die kurzfristig sich verstärkenden Symptome eigentlich ein Zeichen der Heilung sind.

Stellen Sie sich darauf ein und seien Sie sich bewusst, dass die vorübergehende Verschlechterung ein Beleg für den Wandel Ihres Körpers ist. Häufig sind grippeähnliche Beschwerden wie laufende Nase, Kopfschmerzen, Gelenk- und Muskelschmerzen, Schweißausbrüche, Halsschmerzen, Schüttelfrost, Übelkeit, Reizbarkeit und sogar Hautausschläge. Herx hält gewöhnlich zwei bis drei Tage an.

+ Haben Sie Geduld

Atmen Sie tief durch, wenn Sie sich müde oder unleidlich fühlen. Sauna oder Dampfbäder können helfen, denn bei starkem Schwitzen geben wir Toxine auch über die Haut ab. Sprechen Sie mit einem Freund über Ihr Befinden, oder machen Sie ein Schläfchen. Jeder reagiert anders. Ich stürze mich in alles hinein, andere brauchen einen sanften Einstieg. Manche fühlen sich vom ersten Tag an besser, bei anderen dauert es ein bis zwei Wochen. Geben Sie sich Zeit, und erwarten Sie keine Wunder. Aber freuen Sie sich auf eine Überraschung.

+ Verbreiten Sie die frohe Kunde

Wenn Promis auf Twitter und Instagram Fotos von sich und ihrem tollen, gesunden Essen posten können, dürfen Sie das auch. Nutzen Sie das als Inspiration! Lassen Sie alle wissen, was Sie tun, denn das hilft, am Ball zu bleiben. Das ist ein Trick, den ich vor langer Zeit entdeckt habe. Sobald man jemandem erzählt, man esse heute keinen Nachtisch, fällt es viel leichter, sich daran zu halten. Außerdem fühlt es sich gut an, wenn alle wissen wollen, was Sie da Leckeres essen, und nach dem Rezept fragen.

‿ GAPS-, FODMAP- UND ANDERE SPEZIALDIÄTEN ‿

Alle Rezepte in diesem Buch sind zu 100 Prozent vegan, werden aus genetisch unveränderten, glutenfreien Bio-Zutaten hergestellt und enthalten weder Zucker noch Obst, Soja oder Nüsse. Aber vielleicht halten Sie eine Spezialdiät wie GAPS oder FODMAP ein oder können aus anderen Gründen bestimmte Gemüse und Hülsenfrüchte wie Zwiebeln und Knoblauch nicht essen? Das ist überhaupt kein Problem, denn jede meiner Suppen entfaltet auch ohne Zwiebeln und Knoblauch ihre Wirkung und schmeckt wunderbar. Wenn Sie eine der Hauptzutaten nicht essen können, tauschen Sie sie einfach aus oder wählen Sie ein anderes Suppenrezept.

Die besten Suppen-Überraschungen

Eine der großen Überraschungen ist, dass Sie beim ersten Detox zum Suppen-Gourmet werden. Aber das ist nur eine von vielen:

+ So gut haben Sie sich schon lange nicht mehr gefühlt

Nach der kurzen Anfangsverschlechterung (die vielleicht auch ausbleibt) werden Sie sich fühlen, als könnten Sie fliegen. Ich werde nie den großartigen Moment vergessen, als ich bei der ersten Entgiftung nach einer recht starken Herx-Reaktion morgens aufwachte, alles hell war und ich mich klarer fühlte als je zuvor. Freuen Sie sich darauf!

+ Sie haben keinen Hunger

Bei meiner ersten Entgiftung rechnete ich mit Heißhungerattacken und hatte Angst, ständig Hunger zu haben. Daher tat ich etwas, was ich noch nie getan hatte: Ich stopfte Massen an Süßigkeiten, auch solche, die ich gar nicht mag, in mich hinein, nur aus Angst, sie vermissen zu können. Es machte mir schlicht Angst, meinen Lastern für einige Zeit abzuschwören. Während der Entgiftung war ich dann überrascht. Ich hatte ständig das Gefühl, zu viel zu essen, und nie Hunger. Aber natürlich erzählte ich allen, ich mache diesen neuen Suppen-Detox, was gar nicht so einfach wäre.

+ Sie sind mit den exotischsten Speisen vertraut

Sie werden staunen, was Sie bei der ersten Suppenentgiftung alles entdecken! Ich habe auf meinen Reisen viele tolle Zutaten entdeckt, muss aber zugeben, dass ich so manche im Internet nachschlagen musste. Sie werden sich fühlen, als lebten Sie vorübergehend in einem fernen Land. Aber schon nach kurzer Zeit ist Ihnen Ayurveda vertraut, und Sie setzen Rejuvelac oder auch Kwas selbst an.

+ Sie müssen sich nie mehr fragen, was Sie frühstücken sollen

Denn die Antwort lautet ja: SUPPE! Ihre Familie und Freunde mögen Sie für verrückt erklären, aber warten Sie ab, bald werden alle mitmachen wollen.

+ Sie haben viel bessere Laune

Sie mögen sich anfangs unleidlich fühlen, aber sobald Sie sich an die Umstellung gewöhnt haben, werden Sie sich so wohl fühlen, dass Sie gar nicht mehr zu stoppen sind. Sie werden sehen: Sie sind zu sich selbst und anderen viel freundlicher und reagieren plötzlich tolerant, wo Sie früher genervt waren.

+ Ihre Angespanntheit wird verschwinden

Neue Menschen, Nahrungsmittel und Orte ohne innere Anspannung kennenzulernen wird plötzlich normal. Gewöhnen Sie sich daran. Verabschieden Sie sich von Ihren Unsicherheiten und Ihrer Paranoia. Sie werden sich völlig ruhig und entspannt fühlen und Ihr »Bauchgefühl« entdecken!

+ Aufgestaute Emotionen werden frei

Sobald Sie all die ungesunden Lebensmittel weglassen, lösen sich mit den angesammelten Toxinen auch aufgestaute Emotionen. Manche brechen plötzlich in Tränen aus oder sind völlig ohne Grund wütend. Lassen Sie diese Gefühle zu und akzeptieren Sie sie. Lassen Sie die Tränen laufen oder brüllen Sie, wenn es sein muss! Hinterher fühlen Sie sich viel besser.

+ Sie haben Spaß am Kochen

Zum Essen ausgehen macht immer noch Spaß, aber Sie sind inzwischen schlauer. Sie suchen sich Restaurants gezielt aus, recherchieren, woher sie ihre Zutaten beziehen, und lassen sich auf konventionelle Küche nicht mehr ein. Kochen ist jetzt ein Abenteuer. Sie lieben es, neue Zutaten zu entdecken und das Wochenende auf dem Markt und in der Küche zu verbringen.

+ Sie kreieren eigene Rezepte und schmeißen Suppen-Partys

Ich möchte eingeladen werden, denn ich weiß, Sie werden in Familie und Freundeskreis zum Star-Koch. Ihre Kinder werden Ihre Suppen lieben, und deren Freunde werden bei Ihnen essen wollen, weil es bei Ihnen besser schmeckt. Und nach ganz kurzer Zeit sind Ihre Suppen-Partys der Geheimtipp.

+ Ihr Geschmack ändert sich

Damit haben Sie nicht gerechnet, oder? Sie haben gar kein Verlangen mehr nach fettigen, salzigen oder süßen Sachen. Und bei der nächsten Party lassen Sie die Käsestangen kalt, weil Sie wissen, sie schmecken Ihnen nicht mehr.

FAQ

+ Wie lange im Voraus kann ich die Suppen kochen?

Für einen 5-Tage-Detox können Sie alle Suppen am Sonntag vorkochen. Rohe Suppen sollten allerdings immer tagesfrisch verzehrt werden.

+ Wie transportiere ich die Suppen am besten?

Auf www.soupelina.com finden Sie Suppenbehälter, Sie können sie aber auch in Einmachgläser, gut verschließbares Tiefkühlgeschirr, Thermo-Kaffeebecher oder Thermo-Speisegefäße (Henkelmänner) füllen. Gläser sind nicht so praktisch, da sie kaputtgehen können und beim Erhitzen der Suppe selbst heiß werden. Thermogefäße halten die Suppen den ganzen Tag warm.

+ Kann ich die Suppen einfrieren?

Natürlich können Sie das, aber warum sollten Sie? Es gibt nichts Leckereres als einen Teller Suppe direkt frisch vom Herd, sobald sie fertig ist. So enthält die Suppe auch mehr Nährstoffe. Wenn überhaupt, frieren Sie portionsweise ein, dann sind Sie flexibler. Das Auftauen ist einfach: Die gefrorene Suppe nur ein paar Stunden auf die Arbeitsfläche stellen oder den Eisblock im Topf langsam erwärmen.

+ Werden die Gemüse vor dem Kochen geschält?

Bio-Gemüse müssen Sie nicht schälen. Sie sollten sie aber gründlich waschen und Wurzelgemüse ordentlich bürsten. Nicht biologisch angebautes Gemüse sollte geschält und gründlich gewaschen werden.

+ Kann ich etwas anderes essen, wenn ich Hunger habe?

Sie können so viel Brühe trinken, wie Sie mögen. Wenn Sie etwas zwischen den Zähnen brauchen, geben Sie Kräuter, Gemüse und Sprossen in die Brühe. Trinken Sie tagsüber außerdem viel Wasser, Zitronenwasser, Kräutertees und Rejuvelac (das Rezept finden Sie in Kapitel 7, Abschnitt Brühen). Knabbern Sie Sprossen, Salatgurke oder Seetang.

+ Kann ich auch einfach nur zwei Suppen auswählen statt vier oder fünf?

Eine kleinere Auswahl wird schneller langweilig, und zudem benötigt der Körper verschiedene Vitamine und Mineralien. Sorgen Sie für eine abwechslungsreiche Ernährung und genießen Sie sie.

+ Bekomme ich ausreichend Eiweiß?

Um Eiweiß müssen wir uns wirklich keine Gedanken machen! Die meisten Menschen der Ersten Welt nehmen täglich fünfmal mehr Proteine zu sich als nötig, oder mehr! Um Ballaststoffe sollten wir uns sorgen. Sie halten unsere Verdauung in Gang, und von ihnen essen wir viel zu wenig. Suppen sind zudem tolle Proteinlieferanten: Blattgemüse, Hülsenfrüchte und Pilze zusammen liefern allemal ausreichend Eiweiß.

+ Wie viel Sport sollte ich während des Detox treiben?

Während der Entgiftung soll der Körper sich erholen und Nährstoffe auftanken. Seien Sie also zurückhaltend. Ein heftiges Work-out ist zu viel, leichtes Yoga ist wunderbar, aber bitte kein Hot Yoga.

+ Sollte ich während des Detox Nahrungsergänzungsmittel nehmen?

Die Suppen liefern reichlich Vitamine und andere Nährstoffe, dennoch nehme ich gerne zusätzlich Vitamin D, falls ich nicht gerade Strandurlaub mache. Wer kein Rejuvelac trinkt, sollte morgens mindestens ein Probiotikum einnehmen.

+ Wie viel Gewicht werde ich bei einem 5-Tage-Detox verlieren?

Das ist bei jedem Menschen anders, aber im Durchschnitt etwa ein Pfund am Tag. Ein Großteil davon sind Wasser und Stoffwechselreste aus dem Darm. Wenn Sie das Gewicht halten wollen, sollten Sie auf jeden Fall Suppen in Ihre neue Ernährung aufnehmen.

EIN WORT ZU BALLASTSTOFFEN UND PROTEINEN

Wenn man sich, wie ich, rein pflanzlich ernährt, wird man ständig gefragt, ob man ohne Fleisch und Käse genügend Eiweiß bekommt. Also wirklich, Leute! Unzählige Studien belegen, dass Menschen in der Ersten Welt wesentlich mehr Eiweiß zu sich nehmen, als sie brauchen. (Die Deutsche Gesellschaft für Ernährung DGE empfiehlt für Erwachsene pro Tag 0,8 g pro kg Körpergewicht bzw. durchschnittlich 48 g für Frauen und 57 g für Männer.) Experten wie etwa Dr. Joel Fuhrman, die sich mit dem Zusammenhang zwischen Proteinen und Krankheiten befassen, empfehlen nur 20–35 g Eiweiß täglich. Wir haben jahrelang viel zu viel Proteine zu uns genommen mit dem Ergebnis: Wir werden kränker und kränker. Eine eiweißarme Ernährung gilt inzwischen als gesund.

Nun aber ein Wort zu Faser- bzw. Ballaststoffen wie Gemüse-Zellwände, Getreidekleie oder Fruchtmark, die nur teilweise verdaulich sind. Ich gebe zu, das Wort Faser- bzw. Ballaststoffe klingt nicht anregend, aber sie helfen uns, uns besser zu fühlen und besser auszusehen. Sie reinigen unser Verdauungssystem, halten es gesund und transportieren Toxine, Abfallstoffe und Cholesterin ab. Außerdem sorgen sie für eine gesunde Darmflora, stärken das Immunsystem, regulieren den Blutzucker und schützen unser Herz. Die Forschung legt nahe, dass Ballaststoffe gegen verschiedene Krebsarten, wie etwa Brust-, Darm-, Magen-, Eierstock-, Mundhöhlen-, Gebärmutter- und Kehlkopfkrebs, vorbeugen. Aufgrund dieser Forschungsergebnisse empfiehlt die American Cancer Society, täglich 30 Prozent mehr Ballaststoffe zu sich zu nehmen, also 25–38 g pro Tag, die Deutsche Gesellschaft für Ernährung DGE empfiehlt 30 g pro Tag. Leider liegt der durchschnittliche Verzehr gerade mal halb so hoch.

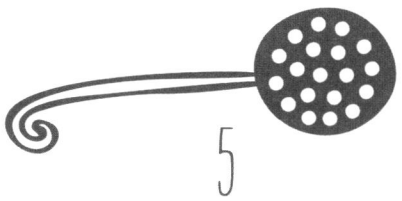

SOUPELINA-GEHEIMNISSE – SO GESTALTEN SIE IHREN PERSÖNLICHEN SUPPEN-DETOX

Ich verrate Ihnen ein Geheimnis – aber Sie dürfen es nicht weitersagen!

Ich hasse Regeln. Sie sind dazu da, dass man sie bricht. Darin bin ich gut – und darin, mir meine eigenen Regeln auszudenken. Was hat das mit dem Suppen-Detox zu tun, fragen Sie?

Ganz einfach! Ich möchte gar nicht, dass Sie meine Ratschläge exakt befolgen. Nutzen Sie dieses Buch als Leitfaden für Ihren eigenen Weg, statt einfach zu tun, was ich sage. Mir geht es in erster Linie darum, dass Sie die Fakten kennen, denn ich glaube fest daran, dass Wissen wichtiger ist als Regeln – Wissen ist Macht!

Sie sollen in der Küche Spaß haben. Meine Rezepte sind nur Empfehlungen. Experimentieren Sie mit ihnen und mit neuen Zutaten, bis es für Sie stimmt. Es ist völlig in Ordnung, wenn Sie meine Rezepte abändern. Das ist Ihr Suppen-Detox, Sie bestimmen, wo es langgeht.

Der Vorteil von Suppen ist, dass man nicht exakt abwiegen muss. Daher gebe ich Gemüsemengen einfach als klein, mittelgroß oder groß an, statt zu sagen, wie viel sie wiegen sollen. Würze ist immer eine Frage des persönlichen Geschmacks – geben Sie bei Bedarf einfach ein bisschen mehr dazu. Zu Hause messe und wiege ich eigentlich nie ab. Mit ein wenig Übung wird Ihnen das auch so gehen. Suppekochen ist schließlich keine Wissenschaft.

Keine Sorge, falls die Suppe nicht jedes Mal gleich schmeckt – das ist normal. Mich hat das anfangs fast in den Wahnsinn getrieben. Aber Bio-Gemüse schmeckt nun mal verschieden. Hat es viel Sonne bekommen, schmeckt es süßer, wenn es überwiegend geregnet hat, etwas flacher. Genießen Sie die feinen Unterschiede – sie machen ehrliche Nahrung so wunderbar!

Suppekochen unterscheidet sich vom normalen Kochen. Es ist ein langsamer Prozess. Es geht nicht um Perfektion. Und es macht zufrieden. Für mich ist es auch meditativ. Es hilft mir, mit mir selbst ins Reine zu kommen. Ich sehe gern zu, wie beim Kochen aus Gemüse und Kräutern eine wunderbare Suppenkreation wird. Und jetzt möchte ich Ihnen noch ein paar Tricks verraten, die ich beim Suppen-Detox nutze.

Übrigens: Weitere Inspiration, Aufmunterung, Rezepte und Tipps (auf Englisch) finden Sie in unserer Community auf Facebook, Twitter und Instagram:

www.facebook.com/soupelina

www.twitter.com/soupelinala

www.instagram.com/soupelinala

꧁ WIE ICH MEINEN HEISSHUNGER ÜBERLISTE ꧂

Heißhunger muss Sie nicht aus der Bahn werfen. Hier ein paar Tricks, wie ich den nächtlichen Hunger besiege.

+ frischer Minze- oder Zitronengrastee (langsam, Schluck für Schluck getrunken)
+ eine Handvoll Sonnenblumenkerne
+ ein Bio-Apfel (z. B. Granny Smith)
+ eine Handvoll Beeren
+ Zitronenwasser
+ eine leckere Platte mit frischer Gurke und Radieschen
+ Kohlchips
+ eine Reiswaffel mit Sonnenblumenkern-Creme (nur, wenn es wirklich schlimm ist)
+ mehr Schlaf

Kochgeheimnisse

+ Verwenden Sie immer reines Wasser (gefiltert oder Mineralwasser).
+ Verwenden Sie ausschließlich Bio-Zutaten.
+ Schwitzen oder braten Sie Aromaträger (Gemüse und Gewürze) für mehr Geschmackstiefe an.
+ Verwenden Sie geeignete Kochutensilien.
+ Geben Sie Salz nicht auf einmal, sondern nach und nach zu.
+ Intensivieren Sie den Geschmack mit frischen Kräutern.
+ Garnieren Sie wie die Profis.

Reinigungs- und Verwöhnprogramm zum Suppen-Detox

Wichtig: Die Darmreinigung

Darmreinigung und Einlauf mag abschreckend klingen, ist aber für die Entgiftung wichtig. Entsprechende Methoden waren schon im alten Ägypten bekannt und werden seit Jahrhunderten von Ärzten angewandt. Und sie machen den Suppen-Detox noch wirksamer. Außerdem sind sie viel natürlicher als Abführmittel, die den Darm reizen und ihm zu viel Wasser entziehen können.

+ Darmspülungen

Darmspülungen straffen und stärken den Enddarm. Sie müssen es sich nur auf einem Handtuch auf dem Badezimmerboden mit einem Kissen unter dem Po bequem machen, sich entspannen, den Irrigator einführen und die Flüssigkeit fließen lassen. (Ich dimme dazu gern das Licht und zünde mir ein paar Kerzen an.)

Füllen Sie den Irrigator mit 1–2 Litern lauwarmem, gefiltertem oder destilliertem Wasser, fetten Sie das Schlauchende (Kokosöl ist am besten; meiden Sie Vaseline oder andere Produkte auf Petroleumbasis), hängen Sie den Beutel an die Tür oder ans Handtuchreck und öffnen Sie den Hahn. Legen Sie sich mit angewinkelten Knien auf die linke Seite. Der Schlauch muss nicht weit eingeführt werden, nur etwa 7–10 cm. Lassen Sie das Wasser langsam fließen, bis Sie sich voll fühlen, dann drehen Sie den Hahn zu und entspannen sich. Eine sanfte Bauchmassage hilft, das Wasser im Darm zirkulieren zu lassen. Sie können sich auch vorsichtig auf die andere Seite drehen, damit das Wasser sich noch besser verteilt. Versuchen Sie, das Wasser 10–15 Minuten einzuhalten, bevor Sie auf die Toilette gehen, aber halten Sie nie zwanghaft ein.

Wenn der Darm gereinigt ist, tut ihm eine kräftigende, nährende Behandlung gut. Da ich an die Kraft von Weizengras glaube, empfehle ich zur Stärkung von Darm und Leber eine Weizengras-Spülung. Sie wirkt nicht nur aufbauend, sondern versorgt auch das Blut mit zusätzlichem Sauerstoff und den Körper mit mehr Energie. Schon 10 Milliliter frisch gemachter Saft geben den reinsten Energieschub. Geben Sie den Saft einfach in den Irrigatorbeutel, lassen Sie ihn in den Enddarm fließen und halten Sie ihn dort etwa 20 Minuten. Das klappt nicht immer, denn all das Chlorophyll und der Sauerstoff machen einen kribbelig. Halten Sie einfach so lange wie möglich durch. Sie können sich auf den Rücken drehen, die Beine aufstellen, ein Buch lesen, atmen … nur halten Sie ein wenig durch. Der Saft zieht jede Menge Unrat aus der Darmwand, hilft, den Elektrolythaushalt auszugleichen, und beschleunigt Entgiftung und Heilung des Enddarms.

+ Colon-Hydrotherapie
Unter Colon-Hydrotherapie versteht man Darmspülungen, die von einem Therapeuten durchgeführt werden und den gesamten Dickdarm mit Wasser reinigen. Dies ist eine meiner Lieblingstherapien – ohne Witz! Man fühlt sich hinterher absolut sauber.

+ Ölziehen
Das Ölziehen ist eine uralte Entgiftungsmethode, die in letzter Zeit wieder in Mode gekommen ist. Bei der aus Indien stammenden Ayurveda-Technik spült man den Mund 20 Minuten mit Kokos- oder Sesamöl und spuckt es dann aus. Dadurch werden Mikrobakterien aus dem Mund entfernt. Mit der derzeitigen Detox-Bewegung erlebt die Technik eine Renaissance. Neueste Studien belegen, dass Ölziehen gegen Zahnfleischentzündungen und schlechten Atem verursachende Mikroorganismen hilft. Zudem wird vermutet, dass es viele Beschwerden, wie Nebenhöhlenentzündungen, Stimmungsschwankungen, chronische Leiden und Verdauungsbeschwerden verhindern helfen kann. Das klingt logisch, beginnen doch gesunde Verdauung, gesun-

der Geist und gesunder Körper mit einem gesunden Mund. Man darf das Öl allerdings nicht schlucken, sondern spuckt es in den Abfalleimer und putzt sich anschließend die Zähne. (Nicht ins Waschbecken spucken, denn Öl verstopft die Abflussrohre!) Ich spüle meinen Mund zusätzlich mit Wasser und Apfelessig, bevor ich die Zähne putze. Den meisten Nutzen bringt Ölziehen direkt morgens, bevor man etwas getrunken oder die Zähne geputzt hat.

Ich fand schon immer, dass unsere Mundgesundheit mehr Aufmerksamkeit verdient. Gesunde Zähne und Zahnfleisch sind nicht nur kosmetisch schön, sondern ein Zeichen für Gesundheit. Ölziehen ist eine so einfache Methode, seine Gesundheit zu verbessern. Sie werden sich wundern, wie gut es tut.

Das geht unter die Haut!

Gönnen Sie sich nach Herzenslust Lavendel zur Nervenentspannung, Zitronengras zur Beruhigung der Sinne und regelmäßige Massagen. Beim Detox geht es vor allem darum, sich selbst zu verwöhnen. Es sind diese kleinen Dinge, die – häufig durchgeführt – oft mehr bringen als ein Urlaub und den Weg bereiten zu dauerhaft mehr Gesundheit und Wohlbefinden.

+ Bürstenmassage

Bürstenmassagen unterstützen die Entgiftung optimal, da sie abgestorbene Hautzellen entfernen und die Lymphknoten aktivieren. Wir sollten einfach sicherstellen, dass wir die bei der Entgiftung freigesetzten Toxine auch wirklich loswerden. Die Haut ist unser größtes Organ, sollte also auch in der Lage sein, einen großen Teil der angefallenen Abfallprodukte zu entsorgen.

Eine Bürste mit Naturborsten ist einfach zu finden, ob im Internet oder im Drogeriemarkt. Ich verwende zudem gerne Luffahandschuhe: Mit einem Handschuh an jeder Hand ist man schnell fertig. Meist wird empfohlen, in Aufwärtsrichtung zu massieren und den Regionen, an denen sich die wichtigen Lymphknoten befinden, besondere Aufmerksamkeit zu widmen (Achselhöhlen, Leistengegend, Hals). Toben Sie sich ruhig aus, es fühlt sich toll an! Man massiert den gesamten Körper inklusive Fußsohlen, nur Gesicht und Genitalbereich werden ausgelassen. Die Haut sollte anschließend rosig, aber nicht gerötet oder gereizt sein.

Eine Bürstenmassage versetzt die Lymphe in Bewegung, regt das Immunsystem an, bringt den Kreislauf in Gang, und die Haut fühlt sich danach wunderbar weich an. Am besten massiert man direkt am Morgen noch vor dem Duschen, während man Öl zieht. Wer es einmal probiert hat, kommt nicht mehr davon los. Man fühlt sich danach voller Energie und freut sich auf den Tag.

+ Aromatherapie

Aromatherapie wurde bereits im alten Ägypten angewandt. Sie kann während der Entgiftung helfen, positiv gestimmt und ruhig zu bleiben. Mit Hilfe ätherischer Öle steigert sie das Wohlbefinden sowie die geistige und körperliche Gesundheit. Die Bezeichnung Aromatherapie geht auf den französischen Chemiker René-Maurice Gattefossé zurück, der entdeckte, dass verschiedene Öle beispielsweise antiseptisch, antitoxisch, beruhigend oder anregend wirken. Durch die Öle aktiviert, senden die Sinneszellen in unserer Nase Signale ans Gehirn, die das Immunsystem, den Blutkreislauf und das Nervensystem anregen. Ich bin immer wieder erstaunt, welche Heilkraft Pflanzen haben, ob wir sie nun essen, trinken, riechen oder unsere Haut mit ihnen massieren. Nach neuester Forschung können ätherische Öle sogar Krankheitserreger wie Staphylokokken, E. coli und andere Bakterien und Pilze abtöten.

Ätherische Öle unterstützen die Entgiftung. Ich gebe tagsüber gerne abwechselnd Zitronengras- und Eukalyptusöl in meinen Raumluft-Diffusor. So bleibe ich konzentriert, ruhig und beschwerdefrei. Nachts schlafe ich mit Lavendelöl ein und reibe mir manchmal auch ein paar Tropfen davon auf die Brust. Andere meiner Lieblingsöle helfen dem Körper, toxische Abfallstoffe und negative Gedanken loszuwerden. Sie machen den Detox nicht nur geschmacklich, sondern auch geruchlich zu einem Erlebnis. Hier einige meiner Lieblingsöle, die Sie im Internet oder z. B. in Reformhäusern und Bioläden finden können.

Pfefferminzöl. Sie können ein paar Tropfen davon zum Kokosnussöl für das Ölziehen geben. Das gibt dem Mund ein besonders frisches Gefühl und beruhigt den Verdauungstrakt, was das Durchhalten erleichtert.

Rosmarinöl. Geben Sie einige Tropfen davon ins Badewasser und mischen Sie für ein Massageöl ein paar Tropfen mit Kokosnussöl. Das verbessert die Verdauung, die Durchblutung und sogar das Gedächtnis! Bei Erstverschlechterungssymptomen wie einer laufenden Nase bringt es rasche Linderung.

Zitronenöl wirkt adstringierend. Es gibt sogar Entgiftungskuren, bei denen mit Zitronenöl gekocht wird. Ich nutze es, da es krebsvorbeugend wirken soll, das Lymphsystem und den Atemapparat befreit und entzündungshemmend wirkt.

+ Infrarot-Sauna (Infrarot-Wärmekabine)

Die Infrarot-Sauna unterstützt ebenfalls bei der Entgiftung. Sie können für die Reinigung Ihres Körpers gar nicht genug tun. Im Gegensatz zur üblichen heißen Sauna, die hervorragend für Leber und Gallenblase ist, geht die Hitze der Infrarot-Sauna tiefer und unterstützt den Körper bei der Ausscheidung von Giftstoffen. Sogar Schwermetalle und Toxine von Chemotherapien und Bestrahlungen werden gelöst. Sie hilft zudem durch Ausgleich des Cortisolspiegels bei der Entspannung. Bei nur einer Sitzung kann man bis zu 700 kcal verbrennen, da der Herzschlag beschleunigt wird. Unter anderem werden Infrarot-Wärmekabinen bei Heilpraktikern und Physiotherapeuten, aber auch in Fitnessstudios und Wellnessbereichen von Hotels angeboten. Es gibt aber auch Modelle für zu Hause.

+ Massage

Eine Massage ist mehr als ein Verwöhnprogramm. Ich verstehe nicht, warum Massagen nicht häufiger von Ärzten verschrieben werden, wo ihre Vorzüge doch seit Jahrhunderten bekannt sind. Doch leider beginnt ihre Erforschung gerade erst. Es zeigt sich aber bereits, dass sie bei Brustkrebspatientinnen das Immunsystem stärken, die Symptome bei asthmatischen Kindern lindern, gegen Schmerzen helfen und Toxine ausleiten. Genau das Richtige also. Zudem bin ich eine große Befürworterin von Lymphdrainagen, besonders während des Detox. Anfangs habe ich es immer als Luxus empfunden, mich massieren zu lassen, und fühlte mich ein bisschen schuldig. Das ist vorbei. Massagen sind Teil des Heilungsprozesses, kein Luxusprogramm!

Jungbrunnen

Nichts ist erfrischender und lässt einen positiver in den Tag starten als erholsamer Schlaf. Kombiniert mit ein paar anderen guten Dingen, erlaubt der Schlaf dem Körper, sich um sich selbst zu kümmern. Das gilt besonders während der Entgiftung. Sobald Sie Ihrem Körper bewusst erlauben, gut für Sie zu sorgen, werden Sie erstaunt sein, wozu er fähig ist.

+ Baden

Ein erholsames Bad ist eine wunderbare Methode, um am Ende eines Detox-Tages abzuschalten. Besonders entspannend wird das Bad mit einigen Tropfen Ihres Lieblings-Aromatherapieöls. Ein paar Tropfen Lavendel- oder Eukalyptusöl lassen allen Stress von Ihnen abfallen. Geben Sie zusätzlich 1–2 Becher Epsom-Salz (Bittersalz) mit ins Badewasser, und Sie haben ein perfektes Detox-Bad. Baden fördert auf natürliche Weise den Schlaf, der ein wichtiger Bestandteil des Detox ist. Hilfreich sind ebenso gedämpftes Licht, Kerzenschein und sanfte Musik.

+ Schlaf

Wenn wir schlafen, repariert unser Körper Schäden, die durch Stress und andere Belastungen entstehen. Die Zellen produzieren nachts mehr Proteine, die Bausteine unserer Zellen. Ausreichend Schlaf ist heute DAS Thema! Wie sieht es bei Ihnen aus – schlafen Sie genug? Zu einem gesunden Leben und zum Suppen-Detox gehört auch, dem Körper – unserem Tempel – mehr Ruhe zu gönnen. Er arbeitet schließlich rund um die Uhr für uns. Verzichten Sie während des Detox auf Fernseher und andere Unterhaltungselektronik. Nutzen Sie die Zeit lieber zum Schlafen oder Denken. Sie glauben gar nicht, wie viel frischer Sie sich nach nur wenigen Tagen fühlen. Der Nachtschlaf alleine reicht jedoch nicht, auch kleine Nickerchen tagsüber sind wichtig. Früher war ich eine absolute Gegnerin davon – wer hat schon Zeit dazu? Heute liebe ich meine Siesta. Wann immer ich es schaffe, mache ich 15 Minuten die Augen zu!

+ »Ich-Zeit«

»Ich-Zeit« ist für mich keine Frage der Wahl mehr. Als ich meine Diagnose erhielt, sagten die Ärzte, ich müsse besser auf mich achten. Wie bitte? Und was ist mit all meinen Verpflichtungen, meinen Aufgaben, meiner Verantwortung? Die 15–30 Minuten, um sich mal zurückzulehnen und zu entspannen, hat aber tatsächlich jeder! Lassen Sie die nicht aus! Ob Sie ein Bad nehmen, ein Buch lesen, mit Freunden telefonieren oder meditieren – diese »Ich-Zeit« ist wichtig für Ihren inneren Wandel.

+ Hyperbare Sauerstofftherapie (HBO)

Die auch hyperbare Oxygenierung oder Druckkammertherapie genannte Behandlung gibt es inzwischen in vielen Städten. Dr. Agolli war es, der mich als Erster vier Tage hintereinander für jeweils eine Stunde in die Druckkammer schickte. Ich fühlte mich wie in einem Science-Fiction-Film. Aber Dr. Agolli erklärte mir, wie sehr die Sauerstoffbehandlung unter hohem Druck meine Heilung unterstützte. Wenn die Kammer sich schließt, fühlt man sich wie in einem startenden Flugzeug, da man unter hohem Umgebungsdruck reinen Sauerstoff atmet. Er fördert die Heilung, da er vor allem in geschädigten Körperregionen zur Bildung neuer Blutgefäße anregt. Der Sauerstoff erlaubt dem Körper, Moleküle einfacher aufzunehmen und daraus gesundes Gewebe aufzubauen. Das war nach meiner Bestrahlungstherapie sehr wichtig, denn Bestrahlungen sind dafür berüchtigt, dass sie die winzigen Blutgefäße, die die Zellen versorgen, schädigen. Auch als Teil der Entgiftung hilft die Oxygenierung, geschädigte Strukturen im Körper zu reparieren.

ZEIT FÜR SUPPE

Sind Sie schon aufgeregt? Ihr Weg zum Wohlbefinden geht gleich los. Jede Detox-Kur, ob drei Tage, eine Woche oder einen ganzen Monat ausgeführt, und sogar der eintägige Neustart bringen Ihnen mehr Energie, einen strahlenden Teint und gute Stimmung, dafür aber weniger Kopfschmerzen, Müdigkeit und Gereiztheit.

Hilfe und moralische Unterstützung finden Sie bei Bedarf in den Online-Foren, aber das Wichtigste ist, dass Sie Ihre eigenen Fortschritte, Stolpersteine und Erfolge in einem Tagebuch festhalten.

Machen Sie zu Beginn ein Foto von sich – ein Selfie reicht völlig – und schreiben Sie in den ersten Eintrag, warum Sie die Entgiftung machen. Lesen Sie ihn immer wieder, denn er hilft Ihnen, Ihr Ziel nicht aus den Augen zu verlieren.

Aber jetzt sollten wir Suppe kochen!

Die Detox-Kuren

Neben dem saisonalen 5-Tage-Suppen-Detox habe ich einen 24-Stunden-Neustart und einen 3-Tage-Detox-Schub entwickelt, da es immer mal Zeiten gibt, in denen man schnell Energie benötigt, aber keine Zeit für eine längere Kur hat. Beim Detox-Neustart gibt es nur Rohkost. Er liefert alles Gute der Pflanzen, reduziert Blähungen und gibt sofortige Energie. Der Detox-Schub

ist ein dreitägiges, magenschonendes Gourmet-Festmahl, das einen Schnell-
start in gesunde Ernährungsgewohnheiten bietet.

❧ ❧❧ EIN TAG IM SUPPENPARADIES ❧❧ ❧

*Beginnen Sie den Tag, indem Sie fünf Minuten visualisieren, was Sie glücklich
macht. Dann denken Sie an Dinge, für die Sie dankbar sind. Während Sie mit
einem Löffel Kokosöl den Mund reinigen, gönnen Sie Ihrer Haut eine Bürstenmassage, danach duschen Sie. Trinken Sie nach dem Zähneputzen ein großes
Glas Zitronenwasser mit gefiltertem Wasser oder Mineralwasser. Anschließend
gibt es die erste Suppe. Essen Sie tagsüber alle drei Stunden, um den Stoffwechsel in Gang zu halten. Lassen Sie keine Mahlzeit aus und essen Sie das letzte
Mal drei Stunden vor dem Schlafengehen. Trinken Sie zwischen den Mahlzeiten viel, besonders beim Sport (aber nicht übertreiben!). Für eine bessere Verdauung sollten Sie während der Mahlzeiten nicht trinken. Zum Frühstück, Mittagessen und Abendessen gibt es Gemüsesuppen, als Snacks zwischendurch
Brühen. Nehmen Sie vor dem Zubettgehen ein Bad mit ätherischen Ölen,
schreiben Sie in Ihr Tagebuch und visualisieren Sie, wie am Morgen, fünf Minuten lang Dinge, die Sie glücklich machen. Was für ein Tag!*

Denken Sie daran, sich zu hegen und zu pflegen, selbst wenn Sie nur die Ein-
tageskur machen. Nehmen Sie sich Zeit zu schlafen, zu lesen, zu meditieren,
für ein Bad – je mehr Ruhe Sie sich gönnen, desto besser der Detox.

Suppen-Detox-Neulingen empfehle ich, sich vorher ein paar Tage darauf
einzustimmen. Der Körper muss für die Flut von entgiftenden Nährstoffen,
Mineralien und Enzymen bereit sein. Räumen Sie Ihren Kühlschrank und
die Speisekammer auf. Befinden sich dort Kaffee und/oder Alkohol? Auch
raffinierter Zucker, tierische Nahrung, Fertiggerichte, Frittiertes, Weizen und
Zigaretten gehören aussortiert. Essen Sie an den Vorbereitungstagen leichte
Kost, Salate und Vollkornprodukte. Trinken Sie Tee und viel Wasser. Das
erleichtert dem Körper den Einstieg in die Entgiftung.

Egal welche Kur Sie wählen, ob einen, drei, fünf Tage oder länger, der
Soupelina-Detox funktioniert am besten, wenn Sie die Kur Ihren ganz persönlichen Bedürfnissen und Zielen anpassen. Mit den vorgestellten Menüs

und Rezepten können Sie sich Ihr eigenes Programm zusammenstellen – für ein ganzes Suppen-Leben. Der Grundgedanke ist, dem Körper optimale Bedingungen für die Selbstheilung zu bieten. Sie wissen gar nicht, wie gesund Sie sich fühlen können, bevor Sie nicht den Suppen-Lifestyle ausprobiert haben. Machen Sie Ihren persönlichen Suppen-Detox-Plan, ändern Sie Rezepte und Menüpläne nach Ihren Bedürfnissen und genießen Sie es einfach!

Noch etwas: Wer krank ist oder sich gerade von einer schweren Erkrankung erholt, sollte Suppe in seinen täglichen Speiseplan einbauen. Mehr dazu erfahren Sie im nächsten Kapitel, mit Tipps für eine gesunde Fortsetzung der heilenden Ernährung.

Der 5-Tage-Suppen-Detox: Menüvorschläge

Der Detox wird klare Strukturen in Ihr Leben bringen und alte Routinen durchbrechen – und Sie werden es lieben, das verspreche ich. Die 5-Tages-Kur ist darauf ausgelegt, Umwelt- und Stoffwechselgifte auszuspülen und den Körper zu regenerieren und zu erneuern. Die Kur hält das Herz gesund und senkt Cholesterinspiegel und Blutdruck. Der ballaststoffreiche Detox wirkt auf Zellebene, und nach Abschluss der Kur werden Sie über mehr spirituelle Energie verfügen und sich leichter, glücklicher und lebendiger fühlen.

◑ ◐ ◐ WAS BRINGT MIR DER DETOX? ◑ ◑ ◑

Sie werden wahrscheinlich ein paar Pfunde verlieren, Ihr Bauch wird flacher sein, und Sie werden regelmäßig – mehrmals am Tag – Stuhlgang haben. Kleinere Probleme, wie Erschöpfung, Unwohlsein, Kopf- und Muskelschmerzen, können verschwinden. Am meisten schätze ich aber die Ruhe und innere Zufriedenheit, die der Detox bringt, das Lösen aufgestauter Emotionen und die neuen, gesunden Gefühle.

FRÜHLING

Jetzt ist Ihr Körper dran mit Frühjahrsputz, nicht nur die Wohnung. Laut TCM ist das Frühjahr die beste Zeit, um die Leber durch eine gründliche Entgiftung zu stärken. Die geballte Frühlingsenergie hilft, Dinge an die Oberfläche zu bringen und sich auf die Aktivitäten des Sommers vorzubereiten.

FRÜHSTÜCK
MÄCHTIG DICKE BOHNE

VORMITTAGSSNACK
REINIGENDE ZITRONENGRASBRÜHE

MITTAGESSEN
MIT MINZE GRINST DU!

NACHMITTAGSSNACK
LASS UNS INDISCH DATTELN

ABENDESSEN
DAS IST MIR PUSTEBLUME!

SOMMER

Der Sommer sorgt für mehr Hitze im Körper und bringt uns aus dem Gleichgewicht. Da ist ein Detox mit einfachen, nähr- und ballaststoffreichen Suppen, die den Körper ideal mit Energie versorgen, genau richtig.

FRÜHSTÜCK
PRINZESSIN AUS DER ERBSE

VORMITTAGSSNACK
DU BIST EIN MACHO, GAZPACHO!

MITTAGESSEN
AB IN DIE BE(E)TE!

NACHMITTAGSSNACK
**HEILENDE GEMÜSEBRÜHE
ODER DU GIBST MIR KRAFT-BRÜHE**

ABENDESSEN
LASST BLUMENKOHL SPRECHEN

HERBST

Im Herbst liegt der Hauptfokus der Entgiftung auf Dickdarm und Lunge. Jetzt ist es an der Zeit, mit kräftigeren, herzhafteren Suppen zu entgiften, die die Vitalenergie der frischen Ernte mitbringen, und loszulassen, was wir nicht mehr brauchen.

FRÜHSTÜCK
DIESE SUPPE IST FEU-DHAL

VORMITTAGSSNACK
KOKOS-GALGANT-BRÜHE

MITTAGESSEN
PAK CHOI IN DEN TOPF!

NACHMITTAGSSNACK
REINIGENDE ZITRONENGRASBRÜHE

ABENDESSEN
LASS MICH MAL LINSEN!

WINTER

Das Hauptaugenmerk bei der Winterentgiftung liegt auf den Energiereserven und dem Immunsystem, um uns vor Krankheiten zu schützen. Wir benötigen während der Wintermonate warmes, robustes Essen, denn bei Kälte muss der Körper mehr heizen. Dazu benötigt er mehr Energie, wir sind also hungriger.

FRÜHSTÜCK
JE OLLER, JE DHAL-LER!

VORMITTAGSSNACK
MAGISCHE GELBWURZBRÜHE

MITTAGESSEN
WER HAT HIER WAS AUF DEN MÖHREN?

NACHMITTAGSSNACK
PHO SHO

ABENDESSEN
DEN KÜRBIS KABOCHA ICH MIR

❧ FÜR PROFI-DETOXER ☙

+ Trinken Sie täglich 60 ml frisch gepressten Weizengrassaft. Spülen Sie den Saft nicht mit Orangen- oder anderem Fruchtsaft hinunter. Wem der Geschmack Probleme bereitet, der kann vorher eine frische Scheibe Ingwer kauen oder hinterher ein wenig Zimtpulver nehmen. Geben Sie dem Körper eine Stunde, um den Saft zu verdauen, bevor Sie wieder etwas essen.

+ Trinken Sie zur Verdauungsanregung über den Tag verteilt 1 Liter Rejuvelac (das Rezept finden Sie in Kapitel 7, Abschnitt Brühen). Der vergorene Quinoa-Trunk liefert dem Magen gute Bakterien und Enzyme und verhindert eine starke Vermehrung von schlechten Bakterien und Hefepilzen.

+ Reinigen Sie Ihren Darm täglich mit einer Wasser- und zwei Weizengrasspülungen, bis er völlig sauber ist (das ist der Fall, wenn Sie kürzlich verzehrte Nahrung ausscheiden).

24-Stunden-Neustart

Er ist als Schnellprogramm konzipiert und lädt Ihre Batterien in nur einem Tag wieder auf. Alle Suppenzutaten sind vollwertig, stecken also voller Nährstoffe und Energie. Dieser Detox ist eine gute Gelegenheit, eine Pause von Fertigprodukten und Lieferservices zu machen und dem Körper wieder ehrliche Nahrung zu geben. Am besten funktioniert die Kur, wenn die Suppen frisch zubereitet und sofort verspeist werden. Ein Wochenende oder ein freier Tag, an dem Sie sich verwöhnen können, ist der ideale Zeitpunkt. Nicht vergessen, es ist nicht schwer! Sie können also gerne auch beide Tage eines Wochenendes nutzen.

Ich selbst esse grundsätzlich lieber gekochte als rohe Suppen, aber bei einem kurzen Detox mache ich eine Ausnahme. Ein Rohsuppen-Detox ist als jahreszeitliche Entgiftung im Frühjahr und Sommer ideal. Im Herbst und Winter eignen sich dagegen warme Suppen besser.

ꙮ WAS BRINGT MIR DER DETOX? ꙮ

Ihr Verdauungssystem wird Ihnen einen Tag voller Ballaststoffe danken, denn sie fördern die Darmperistaltik und sorgen für befriedigenden Stuhlgang. Die Faserstoffe transportieren zudem an den Darmwänden abgelagerte Abfallstoffe ab. Und Ihre Leber hat einen Tag Ruhe, um endlich all die Dinge zu verarbeiten, die Sie zuvor gegessen haben! Was wollen Sie mehr!

BEIM AUFWACHEN
60 ML WEIZENGRASSAFT

FRÜHSTÜCK
DAS HAT HANF UND FUSS

VORMITTAGSSNACK
MEIN THAI-GAZPACHO!

MITTAGESSEN
ALLES GUTE KOMMT VON AVOCADO

NACHMITTAGSSNACK
DU BIST EIN MACHO, GAZPACHO!

ABENDESSEN
BIS AUF DIE LETZTEN KÜRBISSEN

Enjoy your soup cleanse!

XO Soupelina

3-Tage-Detox-Schub

Diese das ganze Jahr über geeignete Kur gibt dem Körper die Gelegenheit, Verdauung und Zellstoffwechsel anzukurbeln, gesundes Gewebe zu erzeugen und zu erhalten und das Gleichgewicht des Körpers wiederherzustellen. Der Detox regt die Entgiftungskraft der Leber und die Fähigkeit des Darmtrakts zum Abtransport von Giftstoffen an.

⮹⮹ WAS BRINGT MIR DER DETOX? ⮹⮹

Die Suppen haben alle einen niedrigen glykämischen Index, Sie verlieren also Gewicht und fühlen sich fitter, aber auch ausgeglichener und energiegeladener. Ihre Augen funkeln, Sie haben mehr Kraft und fühlen sich lebendiger.

FRÜHSTÜCK
ICH LI-LA-LIEBE BLUMENKOHL

VORMITTAGSSNACK
REINIGENDE ZITRONENGRASBRÜHE

MITTAGESSEN
EIN TRAUM IN GRÜN-KOHL

NACHMITTAGSSNACK
WAS SCHAUST DU MISO AN?

ABENDESSEN
AB IN DIE BE(E)TE!

TOPPINGS

Es ist zwar nicht nötig, die Suppen zu garnieren, aber es macht einfach Spaß! Wie das Yin zum Yang gehört, können Toppings einer Suppe Textur, Geschmack, Pfiff und eine persönliche Note geben. Lassen Sie Ihrer Kreativität freien Lauf! Hier ein paar Anregungen:

+ weich auf bissig

+ bitter auf herzhaft

+ salzig auf süß

+ knusprig auf sämig

+ Sprossen – Erbsen-, Daikon- und Alfalfa-Sprossen sind eine zusätzliche Proteinquelle und einfach hübsch anzusehen.

+ Samen – geröstete Kürbiskerne schmecken auf Kürbissuppe einfach göttlich.

+ Kräuter – frisch wie geröstet sind Kräuter ein Blickfang voller Aromen.

+ Knoblauch, Kurkuma (Gelbwurz) oder Ingwer – fein gehackt

+ Kräuteröle sehen nicht nur hübsch aus, sondern verleihen der Suppe mehr aromatische Tiefe. Während der Entgiftung nehme ich nur einen winzigen Tropfen, um den Detox nicht zu verlangsamen.

+ Etwas hiervon, etwas davon: Kombinieren Sie verschiedene Toppings, wie etwa Sprossen und Samen – das ist, als ob Sie die Suppe mit Salat ergänzten.

7
REZEPTE

PÜRIERTE
SUPPEN

PRINZESSIN AUS DER ERBSE

Diese Suppe ist wie Sommer im Mund: ein Feuerwerk aus frischen Aromen und Energie! Sie weckt auf und hält uns am Laufen, und damit ist sie perfekt für das Frühstück. Erbsen sind kleine Nährstoffbomben, reich an Proteinen und Ballaststoffen. Sie helfen (dank ihres hohen Coumestrolgehalts) beispielsweise bei der Krebsprävention, regulieren den Blutzuckerspiegel und können angeblich sogar dazu beitragen, Alzheimer, Arthritis und Osteoporose zu verhindern. Ich schätze Erbsen außerdem, weil sie Falten entgegenwirken. Ein weiterer, unerwarteter Vorzug ist, dass Erbsen das Wohlbefinden steigern. Historisch wurden sie deshalb als Heilmittel gegen böse Geister eingesetzt. Mit Minze wird daraus ein ebenso köstliches wie gesundes Gebräu.

Für 4 Personen

1 EL Kokosnussöl

1 große Zwiebel, gehackt

500 g frische grüne Erbsen

2 Stangen Staudensellerie, gewürfelt

1 ¼ l kochendes gefiltertes Wasser

1 großzügige Handvoll frische Minze, fein gehackt

Himalayasalz

+ Das Öl bei mittlerer bis starker Hitze im Suppentopf erhitzen und die Zwiebel darin glasig anbraten.

+ Erbsen und Sellerie hinzugeben und gründlich vermischen.

+ Mit dem kochenden Wasser übergießen, den Topf zudecken und das Ganze bei schwacher bis mittlerer Hitze 45 Minuten köcheln lassen.

+ Die Minze einrühren, salzen und alles in den Vitamix füllen. Die Suppe zu einer luftigen Konsistenz pürieren. Falls nötig, noch etwas kochendes Wasser dazugießen, damit eine brüheartige Konsistenz entsteht.

+ Abschmecken und falls nötig nachsalzen.

+ Die Suppe heiß oder kalt servieren.

LASST BLUMENKOHL SPRECHEN

Blumenkohl ist der Star dieser eleganten weißen Suppe. Dieser Vertreter aus der Familie der Kreuzblütengewächse ist eines meiner Lieblingsgemüse! Er ist reich an Antioxidantien, die freie Radikale bekämpfen, Mangan, Vitamin C und Carotinoiden. Außerdem ist er so schmackhaft, dass man mit ihm, soweit es mich angeht, immer richtigliegt. Diese Suppe ist so zart wie weiße Seide, dass Ihnen kaum jemand glauben wird, dass sie auch noch gesund ist.

Für 4–6 Personen

1 großer Kopf Blumenkohl
2 EL Kokosnussöl
1 große Speisezwiebel, gehackt
3 Knoblauchzehen, gehackt
1 ½ l kochendes gefiltertes Wasser
Saft von 1 Zitrone
Himalayasalz
Zitronenspalten zum Servieren
karamellisierte Zwiebeln zum Servieren
Cayennepfeffer zum Garnieren (nach Wunsch)

+ Die Blumenkohlröschen vom Strunk lösen und grob hacken.
+ Den Strunk vierteln und ebenfalls klein schneiden.
+ Das Öl bei mittlerer bis starker Hitze im Suppentopf erhitzen und Zwiebel und Knoblauch darin glasig anbraten.
+ Den Strunk hineingeben und 5 Minuten andünsten.
+ Mit ¾ l kochendem Wasser übergießen, salzen und 10 Minuten köcheln lassen.
+ Die Blumenkohlröschen mit dem restlichen Wasser zugeben und weitere 30 Minuten köcheln lassen, bis der Blumenkohl weich wird.
+ Die Suppe 30 Minuten abkühlen lassen und dann im Vitamix seidig glatt pürieren. Falls die Suppe zu dickflüssig ist, mehr Wasser dazugeben.
+ Den Zitronensaft einrühren und mit Salz abschmecken.
+ Mit Zitronenspalten und karamellisierten Zwiebeln servieren.
+ Nach Wunsch mit einer Prise Cayennepfeffer garnieren.

Für den besonderen Pfiff 1 Teelöffel Kurkuma, ½ Teelöffel gemahlene Fenchelsamen und 1,5 cm frischen Ingwer, fein gewürfelt, mit Zwiebeln und Knoblauch anbraten. Das Kurkuma färbt die Suppe wunderbar gelb und gibt ihr einen ganz anderen Charakter. Lassen Sie es sich schmecken und genießen Sie die zusätzlichen Antioxidantien.

FENCHEL, LAUCH, SELLERIE –
ESS ICH DIE, ESS ICH DIE!

Fenchel und Lauch gehören meines Erachtens zu den zu wenig geschätzten Gemüsen – von Knollensellerie ganz zu schweigen. Gemeinsam sind sie die Stars dieser Suppe – und die reinste Entgiftungs-Tour de Force. Dieser knochenbildende und antioxidative Zaubertrank ist leicht, herzhaft und steckt voller Abwehrkräfte. Vergessen Sie die tägliche Multivitamintablette und essen Sie lieber einen Teller dieser Suppe. Sie wird Ihnen guttun!

Für 4–6 Personen

1 EL Kokosnussöl

1 Bund Frühlingszwiebeln, klein geschnitten

2 Knoblauchzehen, zerdrückt Himalayasalz

2 Stangen Lauch, in ca. 2 cm lange Stücke geschnitten und dann längs halbiert

1 mittelgroße Fenchelknolle, geviertelt

1 mittelgroße Sellerieknolle, geschält und gewürfelt

1 ¼ l kochendes gefiltertes Wasser

+ Das Öl bei mittlerer bis starker Hitze in einem Topf erhitzen und Frühlingszwiebeln und Knoblauch mit einer Prise Salz etwa 2 Minuten anbraten, bis das Grün intensiver wird.

+ Den Lauch dazugeben und 2–3 Minuten andünsten, bis er weich wird.

+ Den Fenchel hinzufügen und 3 Minuten mitdünsten, bis er weich wird.

+ Den Sellerie unterrühren, etwas mehr Salz einstreuen, gründlich vermengen und ein paar weitere Minuten anbraten.

+ Das Gemüse mit dem kochenden Wasser übergießen, so dass es etwa 3 cm hoch bedeckt ist.

+ Bei schwacher bis mittlerer Hitze 1–1 ½ Stunden köcheln lassen, bis die Gemüse gar sind.

+ Die Suppe in den Vitamix geben und glatt pürieren.

BUTTERNUSS-SOCKENSCHUSS

Suppe zum Frühstück? Wer den Gedanken befremdlich findet, den wird diese Suppe überzeugen. Anfangs fand ich Kürbis zum Frühstück auch nicht überzeugend, heute freue ich mich schon beim Aufwachen darauf. Manche Kunden schreiben mir des Nachts Mails, dass sie dieses Frühstück kaum erwarten können. Butternusskürbis und rote Linsen sind nicht nur eine göttliche Paarung, sondern stecken voller Vitamin B6, Folsäure, Carotinoiden und Massen an Eisen, was für uns Veganer besonders wichtig ist. Die Suppe stärkt Brustgesundheit, Knochen und Immunsystem, ist eine hervorragende Proteinquelle und beruhigt den Darm.

Für 4–6 Personen

1 kleiner Butternusskürbis
(ca. 750 g)
Himalayasalz
Olivenöl zum Beträufeln
1 EL Kokosnussöl
½ TL natives Olivenöl extra
1 kleine Zwiebel, gehackt
ca. 3 cm frischer Ingwer, in
Scheiben geschnitten
1 mittelgroße Tomate (alte
Sorte, z. B. Heirloom), grob
geschnitten
½ Becher rote Linsensprossen
1 ¼ l kochendes gefiltertes
Wasser

+ Den Kürbis waschen, längs halbieren, die Kerne samt Fasern herauskratzen und die Kerne aufbewahren.
+ Den Backofen auf 190 °C vorheizen.
+ Den Kürbis würfeln, mit Salz würzen und mit Olivenöl beträufeln.
+ Die Kürbiswürfel auf dem Backblech verteilen und 25 Minuten rösten, bis sie sich mit der Gabel gut einstechen lassen.
+ Die Kürbiskerne auf demselben Blech in den Backofen geben und rösten, aber ohne Öl.
+ Das Kokosnuss- und das Olivenöl bei mittlerer bis starker Hitze im Suppentopf erhitzen und die Zwiebel darin glasig braten.
+ Den Ingwer zufügen und 3 Minuten braten.
+ Die gerösteten Kürbiswürfel hineingeben und weitere 3 Minuten braten.
+ Tomate und Linsensprossen einrühren und alles mit dem kochenden Wasser bedecken.
+ Bei mittlerer bis schwacher Hitze 30–60 Minuten köcheln lassen, bis die Linsensprossen weich sind.
+ Die Suppe rund 30 Minuten abkühlen und ziehen lassen.
+ In den Vitamix geben und glatt pürieren.
+ Mit den gerösteten Kürbiskernen garnieren.

AB IN DIE BE(E)TE!

Ich bin mit Borschtsch aufgewachsen, einer russischen Suppe aus Weißkohl, Roter Bete und dicken Rindfleischstücken. Die Erinnerung an dieses Lieblingsgericht aus Kindertagen hat mich zu einer veganen Version mit modernem Flair inspiriert. Heraus kam eine rote Suppe voller Eisen und Flavonoide, deren krebsvorbeugende Wirkung gelobt wird und die den Körper reinigt. Ich schätze aber auch ihren hohen Anteil an Folsäure, die die Zellregeneration fördert und so dem Altern vorbeugt sowie gemeinsam mit Eisen die Produktion von roten Blutkörperchen anregt. Die Suppe ist gut für Haut, Haare und Nägel – ein wahrer Jungbrunnen.

Für 4–6 Personen

2 mittelgroße Rote-Bete-Knollen, gebürstet, geviertelt, Blätter aufbewahrt

rote Chiliflocken

½ TL natives Olivenöl extra

Himalayasalz

4 ganze, ungeschälte Knoblauchzehen

1 EL Kokosnussöl

1 kleine milde Speisezwiebel, gehackt

2 mittelgroße Karotten, in 2,5 cm lange Stücke geschnitten

5 kleine, längliche Kartoffeln (z. B. Bamberger Hörnla) oder zwei mittelgroße rote Kartoffeln, ungeschält gewürfelt

1 mittelgroße Tomate, geachtelt, Saft aufgefangen

½ Tasse frischer Tomatensaft (s. o.)

1 ¼ –1 ½ l kochendes, gefiltertes Wasser

¼ Kopf Weißkohl, geputzt und grob in Streifen geschnitten

Rote-Bete-Blätter (s. o.), in breite Streifen geschnitten

3 Zweige frischer Thymian

2 Lorbeerblätter

frischer Thymian zum Servieren (nach Wunsch)

zerdrückter Knoblauch zum Servieren (nach Wunsch)

Kokossahne zum Servieren (nach Wunsch)

+ Den Backofen auf 190 °C vorheizen.
+ Die Rote-Bete-Knollen in Chiliflocken, Olivenöl und Salz wenden und auf ein Backblech geben.
+ Die Knoblauchzehen in Folie wickeln und mit auf das Backblech legen.
+ 20–30 Minuten im Backofen rösten, bis die Rote Bete weich ist.
+ Das Kokosnussöl bei mittlerer bis starker Hitze im Suppentopf erhitzen und die Zwiebel darin glasig braten.
+ Karotten und Kartoffeln dazugeben und etwa 3 Minuten al dente braten.

+ Tomate, Rote Bete und Knoblauch mit in den Topf geben.

+ Tomatensaft und kochendes Wasser zugießen, dann Weißkohl und Rote-Bete-Blätter einrühren.

+ Thymianzweige und Lorbeerblätter hinzufügen und den Topf zudecken. Bei mittlerer bis schwacher Hitze 45–60 Minuten köcheln lassen.

+ Abschmecken und bei Bedarf nachsalzen.

+ Den Topf vom Herd nehmen und die Suppe ein paar Minuten ruhen und ziehen lassen.

+ Thymianzweige und Lorbeerblätter herausnehmen, dann die Suppe in den Vitamix füllen und glatt pürieren.

+ Mit frischem Thymian, zerdrücktem Knoblauch und/oder einem Löffel Kokossahne garnieren.

TIPP

Ich liebe eine Scheibe frisch gebackenes, rustikales Roggenbrot zu einem Teller Borschtsch, dessen Kruste ich vorher mit frischem Knoblauch und etwas Salz einreibe. Nur während des Detox sollten Sie darauf verzichten.

NICHT IN DIE NESSELN SETZEN – ESSEN!

Eines Tages stolperte ich auf dem Markt in Santa Monica über Brennnesseln, eine Pflanze mit magischen Kräften, die schon seit Jahrhunderten als Heilkraut gegen viele Beschwerden, von Arthritis über Blutarmut bis zu Harnwegsinfekten und sogar Gicht, verwendet wird. Ich wollte, dass die Suppe genauso gut schmeckt, wie die Pflanze wirkt. Urteilen Sie selbst!

Für 4–6 Personen

1 Bund frische Brennnessel-spitzen
1 EL Kokosnussöl
2 Schalotten, gehackt
3 Knoblauchzehen, fein gehackt
1 Fenchelknolle, geachtelt
4 Stangen Staudensellerie, ge-hackt
Himalayasalz
3 mittelgroße helle neue Kartof-feln, geschält und gehackt
3 frische Zweige Thymian
2 Lorbeerblätter
1 ¼ l kochendes, gefiltertes Wasser
Saft von ½ Zitrone
karamellisierter Knoblauch oder dünne Fenchelhobel zum Garnieren (nach Wunsch)

+ Eine große Schüssel mit Wasser und Eiswürfeln füllen und auf die Seite stellen.
+ Einen großen Topf mit Wasser zum Kochen bringen und die Brennnesseln 2 Minuten darin blanchieren. (Handschuhe verhindern, dass die Nesseln brennen.)
+ Die Brennnesseln im Eiswasser abschrecken, dann abseihen.
+ Größere Stile entfernen und die Blätter grob hacken.
+ Das Kokosnussöl bei mittlerer bis starker Hitze im Suppentopf erhitzen und Schalotten und Knoblauch 2–3 Minuten darin anbraten, bis sie zu duften beginnen.
+ Die Temperatur auf mittlere Hitze reduzieren, Fenchel, Sellerie mit einer Prise Salz hinzufügen und 5–7 Minu-ten braten, bis sie weich sind, aber nicht bräunen.
+ Kartoffeln, Thymian und Lorbeerblätter ein-rühren und mit kochendem Wasser bedecken.
+ Das Ganze bei mittlerer bis schwacher Hitze zum Kochen bringen und 45 Minuten kochen, bis die Kartoffeln weich sind.
+ Brennnesselblätter zugeben und weitere 15 Minuten köcheln lassen.
+ Lorbeerblätter und Thymianzweige herausnehmen und die Suppe im Vitamix glatt pürieren.
+ Die Suppe wieder in den Topf geben und den Zitronensaft einrühren. Die Suppe abschmecken und bei Bedarf nachwürzen.
+ Mit karamellisiertem Knoblauch oder Fenchelhobeln garnieren und heiß servieren.

BABA-GENUSS!

Eine meiner schönsten Kindheitserinnerungen ist Oma Friedas »Auberginen-Kaviar« (alias Baba Ghanoush) auf einer Scheibe dunklem Brot. Auberginen waren damals selten und daher eine Delikatesse. Oma röstete sie und zerdrückte ihr Mark stundenlang mit der Gabel. Und sie erzählte, Auberginen seien auch Medizin und besonders gut für das Gehirn. Bei meinen Recherchen fand ich viele Jahre später heraus, dass sie recht hatte. Auberginen sind reich an Chlorogensäure, die krebsbekämpfend wirkt, und ihre Schale enthält das Antioxidans Nasunin. Geschmacklich passen sie hervorragend zu Tomaten und gerösteten Paprika, die meine Mutter so liebt. Die Suppe vereint scharfe, salzige und mild-süße Aromen.

Für 4–6 Personen

6 mittelgroße Rispentomaten, halbiert
3 rote Paprikaschoten
Himalayasalz und frisch gemahlener schwarzer Pfeffer
3 TL natives Olivenöl extra
1 ganze Knoblauchknolle
2 frische Zweige Thymian
1 mittelgroße Aubergine (sie sollte fest, rund, schwer und dunkelviolett sein und keine Druckstellen, Kratzer oder Verfärbungen haben)
1 rote Zwiebel, in Spalten geschnitten
750 ml kochendes gefiltertes Wasser
1 Knoblauchzehe, fein gehackt

+ Den Backofen auf 190 °C vorheizen. Die Tomaten (mit der Schnittseite nach unten) und die Paprika auf ein Backblech mit Rand legen, salzen und pfeffern und mit Olivenöl beträufeln. Die Knoblauchknolle ebenfalls mit etwas Olivenöl beträufeln, mit dem Thymian in ein Stück Alufolie wickeln und mit auf das Bachblech legen.

+ Alles auf oberster Schiene rund 20 Minuten rösten. Falls nötig, nach der halben Röstzeit wenden.

+ Die Aubergine im Ganzen auf ein zweites Backblech legen, mit etwas Salz bestreuen und 35–40 Minuten auf unterster Schiene rösten. Nach der Hälfte der Zeit die rote Zwiebel dazugeben.

+ Tomaten und Paprika häuten. Die Hälfte der Paprika zum Garnieren auf die Seite legen.

+ Tomaten und Paprika pürieren. Das Fruchtfleisch aus der Knoblauchknolle drücken und dazugeben.

+ Das Püree in einen Suppentopf geben.

+ Dann die Aubergine pürieren, in das Tomaten-Paprika-Püree einrühren und alles mit kochendem Wasser verdünnen. Bei mittlerer Hitze zum Kochen bringen.

+ Mit Salz und Pfeffer abschmecken.

+ Die zurückbehaltenen Paprika in dünne Streifen schneiden und mit Salz und fein gehacktem Knoblauch durchheben.

+ Die Suppe mit den Paprikastreifen garniert servieren.

EIN TRAUM IN GRÜN-KOHL

Ich esse gern Grünkohl-Salat. Gekocht sehen die robusten Blätter nicht unbedingt einladend aus, aber ich wollte auf jeden Fall eine Suppe, die seine wertvollen Inhaltsstoffe zur Geltung bringt. Als ich auf dem Wochenmarkt dann Sauerampfer entdeckte, tanzte ich vor Glück. Meine Mutter hat früher Sauerampfersuppe gekocht (sie nannte sie grünen Borschtsch), die himmlisch zitronig-frisch schmeckte! Diese Suppe bietet eine überraschend neue Art, Grünkohl und all seine Vorzüge zu genießen. Sie ist eine tolle Detox-Suppe, sättigt, kann den Cholesterinspiegel senken, stärkt das Immunsystem und ist reich an Eisen, Vitamin C und K.

Für 4–6 Personen

1 EL Kokosnussöl
1 mittelgroße Zwiebel, geachtelt
1 mittelgroße Kartoffel
Himalayasalz und frisch gemahlener schwarzer Pfeffer
1 Bund frischer Schwarzkohl (oder Grünkohl), grob gehackt (Blätter und Stiele)
1–1 ¼ l kochendes gefiltertes Wasser
1 Bund Sauerampfer, gehackt (2 lose befüllte Tassen)

+ Das Kokosnussöl bei mittlerer bis starker Hitze in einem Suppentopf erhitzen und die Zwiebel darin glasig braten.
+ Die Temperatur auf mittlere Hitze reduzieren, Kartoffel, Salz und Pfeffer hineingeben und 3 Minuten anbraten.
+ Den Kohl einrühren, bis er leuchtend grün wird.
+ Mit dem kochenden Wasser übergießen, aufkochen und etwa 30 Minuten kochen, bis die Kartoffel weich ist.
+ Den Sauerampfer einrühren und weitere 10 Minuten köcheln lassen.
+ Die Suppe in den Vitamix füllen und glatt pürieren.
+ Falls nötig, mit etwas mehr Salz abschmecken und sofort servieren.

KURZ NOTIERT*

Wenn Sie keinen Sauerampfer bekommen, können Sie stattdessen Spinat und etwas Zitronensaft für das Aroma nehmen. Eine Prise Cayennepfeffer gibt der Suppe zusätzlichen Pfiff.

SÜSSKARTOFFEL-KICK

Dieses Rezept entstand durch einen glücklichen Zufall. Ich hatte mir im Hofladen ein paar Süßkartoffeln gekauft, um sie zu rösten. Als sie so auf dem Backblech vor mir lagen, kam mir die Idee, sie für noch mehr Nährstoffe und Aroma mit etwas Kardamom zu bestreuen. Der himmlische Duft aus dem Ofen inspirierte mich dann dazu, eine Suppe zu kochen, statt die Süßkartoffeln einfach so zu essen. Mit ein paar Ergänzungen wurde Süßkartoffel-Kick zu einer der beliebtesten Soupelina-Suppen. Sie ist samtig, herzhaft, zartsüß, aber nicht schwer. Die Kombination aus Kardamom, anderen ayurvedischen Gewürzen und Fenchel macht sie zur perfekten Detox-Suppe.

Für 4–6 Personen

4 mittelgroße Süßkartoffeln, gebürstet und halbiert

2 EL gemahlenes Kardamom

1 EL Kokosnussöl

¼ TL Fenchelsamen

¼ TL gelbe Senfsaat

¼ TL Panch Phoron (bengalische Fünf-Gewürze-Mischung)

1 Bund Frühlingszwiebeln

1 TL gemahlenes Kurkuma

1 mittelgroße Fenchelknolle, geachtelt

kochendes gefiltertes Wasser

¼ TL Safran

Himalayasalz

+ Den Backofen auf 210 °C vorheizen. Die Süßkartoffeln auf ein Backblech legen, mit 1 EL Kardamompulver bestreuen und 20 Minuten rösten, bis sie weich sind.

+ Dann das Kokosnussöl bei mittlerer Hitze in einem Suppentopf erhitzen und Fenchelsamen, Senfsaat und Panch Phoron darin anrösten. Wenn die Samen zu tanzen beginnen, Frühlingszwiebeln, restliches Kardamom und Kurkuma zugeben und alles gründlich vermengen.

+ Den Fenchel einrühren, bis er rundum mit Gewürzen bedeckt ist, und mit ein paar Prisen Salz würzen.

+ Die Süßkartoffeln mit in den Topf geben und alles mit kochendem Wasser bedecken. 30–45 Minuten köcheln, bis der Fenchel weich ist und die Kartoffelschalen sich lösen.

+ Die Suppe leicht abkühlen und ziehen lassen, dann im Vitamix vollständig glatt pürieren.

+ Die Suppe in einen sauberen Topf geben, Safran hinzufügen, noch einmal kurz aufwärmen und nach Geschmack würzen.

PANCH PHORON

Diese köstliche bengalische Gewürzmischung ist in indischen Lebensmittelgeschäften, in Bioläden und über das Internet erhältlich. Man kann sie aber auch selbst mischen.

1 TL Kreuzkümmelkörner
1 TL braune Senfsaat
1 TL Fenchelsamen
1 TL Schwarzkümmelkörner
1 ½ TL Bockshornkleesamen

+ Einfach alle Samen in einem kleinen
  Gefäß mischen.

MY SUPPEN-THAI

Die Explosion von Aromen in der Thai-Küche ist schlicht überwältigend, und ich bekomme nie genug davon. Thailändisch kochen ist für mich eine sinnliche Erfahrung und auch immer wieder eine Herausforderung, denn Ziel ist die perfekte Harmonie zwischen scharf, salzig, süß, sauer und bitter. Sie benötigen wahrscheinlich einige Versuche und ein paar Besuche im Asialaden, bis diese Suppe wirklich gelingt, aber geben Sie nicht auf. Für die Süße nutze ich statt Zucker Süßkartoffeln, die viel Vitamin A enthalten sowie Beta-Carotin, ein starkes Antioxidans, das Schutz gegen Krebs, Asthma und Herzerkrankungen bietet. Galgant (Thai-Ingwer), eine Wurzel aus der Ingwerfamilie mit kräftigerem Geschmack, und Kaffir-Limettenblätter besitzen aufregende, elegante Aromen.

Für 4–6 Personen

1 EL Kokosnussöl	2 Kaffir-Limettenblätter, durchgerissen
1 mittelgroße rote Zwiebel, grob gehackt	500 ml Kokosnussmilch (light, falls erhältlich)
1 frisches Stück Galgant oder Ingwer (ca. 3 cm)	500 g Süßkartoffeln, geschält und in große Stücke geschnitten
2 Knoblauchzehen	1 ¼ l kochendes gefiltertes Wasser
1 TL vegane rote Thai-Currypaste (wer es gern scharf mag, auch mehr)	1 Becher frisches Thai-Basilikum
1 Stengel Zitronengras, längs aufgeschnitten und flach geklopft	1 EL Himalayasalz
	frisch gepresster Limettensaft zum Servieren (nach Wunsch)

+ Das Öl bei mittlerer bis starker Hitze im Suppentopf erhitzen und Zwiebel, Galgant und Knoblauch darin duftend anbraten.

+ Die Temperatur auf mittlere Hitze reduzieren, rote Currypaste, Zitronengras, Kaffir-Limettenblätter und 125 ml Kokosnussmilch einrühren und 3 Minuten kochen.

+ Die Süßkartoffeln einrühren, die restliche Kokosnussmilch dazugießen und bei mittlerer Hitze zugedeckt 20 Minuten kochen.

+ Sobald die Mischung Blasen wirft, das kochende Wasser dazugießen, Thai-Basilikum und Salz einrühren. Die Temperatur reduzieren, bis die Suppe nur noch leicht köchelt, und 30–45 Minuten köcheln lassen, bis die Kartoffeln weich sind.

+ Den Topf vom Herd nehmen und 30 Minuten ruhen lassen, damit die Aromen sich entfalten.

+ Kaffir-Limettenblätter und Zitronengras herausnehmen, den Rest in den Vitamix füllen und glatt pürieren.

+ Ein Schuss frisch gepresster Limettensaft gibt beim Servieren den letzten Pfiff.

LOS DOCH: KICHER-ERBSE!

Laut TCM regulieren Kichererbsen die Funktion von Milz und Magen und fördern die Entgiftung. Das in den Kichererbsen enthaltene Mineral Selen wirkt Entzündungen entgegen, und die Folsäure, die für die DNS-Synthese benötigt wird, blockiert nach Mutationen im Erbgut die Bildung von Krebszellen. Es wird also niemanden verwundern, dass Kichererbsensuppe unbedingt Teil meines neuen Lebens sein musste. Die Inspiration für dieses Rezept stammt aus der indischen Küche.

Für 4–6 Personen

3 EL natives Olivenöl extra

½ Zwiebel, gewürfelt

3 Knoblauchzehen, fein gehackt

2 ½ Becher gekochte Kichererbsen samt Kochflüssigkeit

½ TL Currypulver

½ TL gemahlener Koriander

½ TL gemahlener Kreuzkümmel

½ TL Garam Masala

Saft von ½ Zitrone

1 l kochendes gefiltertes Wasser, nach Bedarf auch etwas mehr

2 Handvoll Spinat oder gekochte grüne Erbsen

+ Das Öl bei mittlerer bis starker Hitze im Suppentopf erhitzen und Zwiebel und Knoblauch 3 Minuten darin glasig braten.

+ Die Kichererbsen samt Kochflüssigkeit hineingeben, Gewürze und Zitronensaft einrühren, den Topf zudecken und 25 Minuten köcheln lassen.

+ Umrühren, das kochende Filterwasser hinzugießen und weiterkochen, bis die Kichererbsen weich sind.

+ Alles in den Vitamix geben und glatt pürieren. Falls nötig, etwas mehr Wasser hinzugießen, um die gewünschte Konsistenz zu erreichen.

+ Die Suppe in einen sauberen Topf geben, nochmals aufkochen und abschmecken.

+ Den Spinat einrühren, zudecken und 2–4 Minuten mitkochen, bis er zusammengefallen ist. Wenn Sie stattdessen Erbsen verwenden, diese einrühren und kurz in der Suppe durchwärmen.

DAS IST MIR PUSTEBLUME!

Löwenzahnblätter, ein Verdauungstonikum, sind ein starkes Antioxidans. Ich habe zunächst Saft aus ihnen gemacht (die reinste Leberspülung!), sie dann für Salate genutzt (wie die alten Griechen und Römer) und schließlich zu Suppe verarbeitet! Die bitteren grünen Blätter sind das Beste, wenn es um Verdauungsprobleme geht. Sie entgiften Leber, Nieren und Gallenblase, helfen Blähungen loszuwerden und bei der Entwässerung. Kombiniert mit Blumenkohl, liefert Löwenzahn jede Menge an Vitaminen (A, C und K) und Aminosäuren (unter anderem Indol-3-Carbinol und Glutamin), die den Körper gegen Erkältungen und Grippe schützen und das Immunsystem für die Krebsprävention stärken. Die Suppe ist ideal für Menschen, die nach einer Krebsbehandlung, wie etwa der Entfernung von Lymphknoten, unter Wassereinlagerungen leiden. Sie ist geballter Frühling im Topf.

Für 4–6 Personen

2 EL Kokosnussöl
2 mittelgroße Zwiebeln
(eine grob gehackt, die zweite
fein gewürfelt)
4 Knoblauchzehen, fein gehackt
1 mittelgroßer Kopf Blumenkohl, gehackt
1–1 ¼ l kochendes gefiltertes
Wasser
1 Bund frische Löwenzahn-
blätter
Himalayasalz und frisch
gemahlener schwarzer Pfeffer

+ 1 Esslöffel Kokosnussöl bei mittlerer bis starker Hitze im Suppentopf erhitzen und grob gehackte Zwiebel und Knoblauch darin 3 Minuten glasig braten.

+ Die Temperatur auf mittlere Hitze reduzieren, den Blumenkohl hineingeben und unter Rühren 5 Minuten anschwitzen.

+ Mit dem kochenden Wasser aufgießen und 15–20 Minuten köcheln lassen, bis der Blumenkohl weich, aber noch bissfest ist.

+ Die Löwenzahnblätter einrühren und den Topf zudecken. Die Blätter fallen in 1–2 Minuten zusammen.

+ Den Topf vom Herd nehmen und die Suppe leicht abkühlen und ziehen lassen.

+ In der Zwischenzeit das restliche Öl in einem Topf erhitzen und die fein gehackte Zwiebel darin karamellisieren.

+ Die Suppe in den Vitamix geben und glatt pürieren, bis sie dickflüssig und cremig ist.

+ Die Suppe mit Salz und Pfeffer abschmecken.

+ Mit den karamellisierten Zwiebeln garnieren.

DU KOMMST IN DEN TOP-INAMBUR!

Die Topinambur (oder auch Erdartischocke) hat einen nussigen, süßlichen Geschmack. Die Knollen sind zwar ein wenig mehlig, zählen aber zu den besten Ballaststofflieferanten und enthalten recht viel Eisen (den höchsten Gehalt bei den essbaren Knollen). Sie besitzen antioxidative Wirkung und ergeben gemeinsam mit Chicorée (schon im alten Ägypten als Heilpflanze genutzt, hat er gegen Krebs schützende Eigenschaften) eine kraftvolle Detox-Suppe, die reich an Kalium, Magnesium und Inulin ist (ein löslicher Faserstoff, der für eine gesunde Darmflora und Verdauung sorgt).

Für 4–6 Personen

1 kg Topinamburen, gebürstet
1 EL natives Olivenöl extra
Himalayasalz
2 EL Kokosnussöl
3 Knoblauchzehen, fein
gehackt
1 Lauchstange, grob gehackt
2 Chicorée oder 1 Kopf
Endiviensalat, in einzelne
Blätter geteilt
1–1 ¼ l kochendes gefiltertes
Wasser
4 Stengel krause Petersilie zum
Garnieren, nach Wunsch frittiert

+ Den Backofen auf 190 °C vorheizen.
+ Die Topinamburen in Olivenöl und einer Prise Himalayasalz wenden, bis sie rundum benetzt sind. Auf ein Backblech legen und 35 Minuten im Backofen rösten, bis sie etwas weich werden.
+ Das Kokosnussöl bei mittlerer bis starker Hitze im Suppentopf erhitzen und Knoblauch, Lauch und Chicorée 3 Minuten darin anschwitzen, bis sie weich werden.
+ Die Topinamburen einrühren, leicht salzen, mit dem kochenden Wasser aufgießen und zum Köcheln bringen. Etwa 30 Minuten kochen lassen, bis die Topinamburen sehr weich sind.
+ Die Suppe vom Herd nehmen und leicht abkühlen und ziehen lassen.
+ In den Vitamix füllen und glatt pürieren.
+ Die Suppe eventuell nachwürzen.
+ Mit frischer oder frittierter Petersilie garnieren.

FRITTIERTE PETERSILIE

+ Einen kleinen Topf etwa 2 cm hoch mit Öl füllen und
  bei mittlerer bis starker Hitze heiß werden lassen.
+ Die Temperatur mit einem Petersilienstengel testen:
  Er sollte zischen, aber nicht bräunen. Wird er braun,
  ist er verbrannt.
+ Die Petersilie frittieren und auf Küchenpapier abtropfen
  lassen. Überschüssiges Öl vorsichtig abtupfen.

BEIM THAI-CURRY, DA ZUCCH-I-NI!

Wenn die Sommerkürbisse Saison haben, schmachte ich nach thailändischen Aromen. Und was macht man, wenn es heiß ist und man Appetit auf Thai-Curry hat? Ich habe mich auf dem Wochenmarkt durch Zucchini (Vertreter der Sommerkürbisse) zu dieser Suppe inspirieren lassen. Ich schätze vor allem ihre antioxidative und entzündungshemmende Wirkung sowie ihren hohen Gehalt an Vitamin A und C. Sie wirken präventiv gegen Krebs, sind gut für die Augen und helfen, erhöhte Cholesterinwerte zu senken. Daher wollte ich unbedingt eine Thai-Suppe mit Zucchini kreieren. Sie ist erfrischend und leicht, und unter ihrer sämigen Oberfläche verstecken sich komplexe Aromen.

Für 4–6 Personen

1 EL Kokosnussöl	2 Kaffir-Limettenblätter, zerrissen
1 mittelgroße Speisezwiebel, grob gehackt	500 ml Kokosnussmilch
1 Stück frischer Galgant oder Ingwer (ca. 3 cm)	500 g Zucchini (oder anderer Sommerkürbis), in große Stücke geschnitten
2 Knoblauchzehen	2 mittelgroße goldgelbe Kartoffeln
1 TL vegane grüne Thai-Currypaste (wer es schärfer mag, auch mehr)	1 ¼ l kochendes gefiltertes Wasser
1 Stengel Zitronengras, längs aufgeschnitten und flach geklopft	1 Becher frisches Thai-Basilikum
	1 EL Himalayasalz
	frisch gepresster Limettensaft zum Servieren (nach Wunsch)

+ Das Öl bei mittlerer bis starker Hitze im Suppentopf erhitzen und Zwiebel, Galgant und Knoblauch darin anbraten, bis sie duften.
+ Currypaste, Zitronengras und Limettenblätter hinzufügen, 125 ml Kokosnussmilch einführen und 3 Minuten kochen.
+ Sommerkürbis und Kartoffeln hineingeben, umrühren und die restliche Kokosnussmilch (375 ml) zugießen. Bei mittlerer Hitze 20 Minuten kochen lassen.
+ Wenn die Mischung Blasen wirft, das kochende Filterwasser hinzufügen und Basilikum und Salz einrühren. Die Temperatur reduzieren und 20–30 Minuten köcheln lassen, bis die Kartoffeln sehr weich sind.
+ Die Suppe vom Herd nehmen und 30 Minuten abkühlen und ziehen lassen.
+ Limettenblätter und Zitronengras herausnehmen, die Suppe in den Vitamix füllen und sämig und glatt pürieren.
+ Etwas frisch gepresster Limettensaft gibt der Suppe vor dem Servieren den letzten Pfiff.

KOHLRABI-SOMMERTRAUM

Kohlrabi begegneten mir das erste Mal auf einem Markt bei mir in der Nähe, und ich fragte mich, was man mit diesem ornamentalen Gemüse, das wie eine tolle Tischdekoration aussah, wohl kochen könnte. Der Bauer, der sie mir verkaufte, sagte, er esse sie am liebsten roh oder als Suppe und sie schmecke wie eine Mischung aus Weißkohl, Radieschen und Brokkoli. Vor allem aber helfe sie bei Atemwegserkrankungen und stärke das Haar. Wie hätte ich da widerstehen können? Wie alle Pflanzen aus der Familie der Kreuzblütengewächse sind Kohlrabi reich an Ballaststoffen, Vitamin C und Kalium, sie stärken das Immunsystem und geben Energie. Diese einfache Suppe ist ein absoluter Sommertraum.

Für 4–6 Personen
1 EL Kokosnussöl
½ Speisezwiebel, gehackt
5 Knoblauchzehen, fein gehackt
5 Kohlrabi, geschält und in Spalten geschnitten
1 Bund Grünkohl, Stengel und Strunk entfernt
1 ¼ l kochendes gefiltertes Wasser, bei Bedarf mehr
Himalayasalz
1 Prise Cayennepfeffer
Radieschensprossen oder Grünkohlchips zum Garnieren (nach Wunsch)

+ Das Öl bei mittlerer bis starker Hitze im Suppentopf erhitzen und Zwiebel und Knoblauch darin anbraten, bis sie duften.

+ Die Kohlrabi einrühren, bis sie rundum mit Öl bedeckt sind, und 5 Minuten andünsten.

+ Den Grünkohl hinzugeben und warten, bis er leuchtend grün wird.

+ Dann alles mit dem kochenden Wasser bedecken.

+ Zudecken, aufkochen und 35–40 Minuten köcheln lassen, bis die Gemüse gar, aber nicht weich sind.

+ Die Suppe vom Herd nehmen, abkühlen und ziehen lassen.

+ In den Vitamix füllen und glatt pürieren.

+ Die Suppe wieder heiß machen, mit Salz und Cayennepfeffer abschmecken.

+ Mit Radieschensprossen oder Grünkohlchips garniert servieren.

DU HAST WOHL
'NEN KNALL-ERBSE!

Als ich den Erbsen verfiel, musste ein neues Rezept her, und ich experimentiere nun mal gern in der Küche. Probieren Sie es aus. Es macht Spaß, Gewürzen und Gemüsen dabei zuzusehen, wie sie sich in eine wunderbare Suppe verwandeln. Ich wollte die Süße der Erbse mit dem milden Aroma der Zucchini und der Bitterkeit der Brunnenkresse kombinieren. Der Koriander dazu war ein echter Glücksgriff. Die Suppe war so aromatisch, dass ich sofort wusste: Die ist ein Renner. Außerdem wirkt sie blutreinigend und entzündungshemmend – was will man mehr!

Für 4–6 Personen
2 TL Kokosnussöl
1 mittelgroße Stange Lauch, den weißen und helleren grünen Teil in 4,5 cm lange Stücke geschnitten
1 Knoblauchzehe, fein gehackt
1 Stange Staudensellerie, grob gehackt
3 mittelgroße Zucchini, grob gehackt
½ TL gemahlener Koriander
750 ml kochendes gefiltertes Wasser
1 Becher Schälerbsen
1 Becher Brunnenkresse, harte Stengel entfernt, plus etwas Kresse zum Garnieren
Himalayasalz
Saft von ½ Zitrone

+ Das Öl bei mittlerer bis starker Hitze im Suppentopf erhitzen und Lauch und Knoblauch darin andünsten, bis sie weich sind.
+ Sellerie, Zucchini und Koriander einrühren und weitere 5 Minuten andünsten.
+ Die Gemüse mit kochendem Wasser bedecken, den Topf zudecken und 25 Minuten köcheln lassen.
+ Erbsen und Brunnenkresse einrühren und weitere 3–5 Minuten kochen, bis die Kresse zusammengefallen ist und die Erbsen weich sind.
+ Die Suppe vom Herd nehmen und 15 Minuten ziehen lassen.
+ In den Vitamix füllen und glatt pürieren.
+ Mit Salz und Zitronensaft abschmecken.
+ Die Suppe mit Brunnenkresseblättern garniert heiß oder kalt servieren.

KURZ NOTIERT*

Wenn Sie gerade keine Zucchini und Brunnenkresse dahaben, können Sie auch einfach die Menge Schälerbsen erhöhen oder die Brunnenkresse beispielsweise durch Rucola ersetzen.

MÄCHTIG DICKE BOHNE

Der einzige Nachteil von Dicken Bohnen ist, dass sie nur im Frühjahr erhältlich sind. Natürlich kann man sie ganzjährig tiefgekühlt oder getrocknet kaufen, aber frisch aus der Schote sind sie am leckersten – auch wenn das Pulen und Putzen viel Arbeit ist. Wie andere Hülsenfrüchte sind auch sie reich an Proteinen: 7 g pro 100 g Bohnen! Ich liebe Dicke Bohnen mit Knoblauch gebraten, mit Petersilie und Zitronensaft gekocht und natürlich in Suppen. Ihr hoher Ballaststoffanteil fördert die Gesundheit des Verdauungstrakts. In Kombination mit Romanasalat und Lauch ergeben sie eine Suppe, die reich an Vitamin C ist und so für ein starkes Immunsystem und gesunde Haut, Knochen und Zähne sorgt.

Für 4–6 Personen

1 EL Kokosnussöl

2 Knoblauchzehen, fein gehackt

1 mittelgroße Stange Lauch, grob gehackt

1 mittelgroße Zwiebel, gehackt

1 Kopf Romanasalat, Rippen ausgelöst und aufbewahrt, Blätter grob klein gezupft

1 großer Stengel Staudensellerie, grob gehackt

1 EL gehackter frischer Dill

Himalayasalz

2 Becher doppelt geschälte Dicke Bohnen

1 l kochendes gefiltertes Wasser

1 EL frisch gepresster Zitronensaft

frisch gemahlener schwarzer Pfeffer

frische Dillspitzen zum Garnieren

+ Das Öl bei mittlerer bis starker Hitze in einem Suppentopf erhitzen und Knoblauch, Lauch und Zwiebel darin anbraten, bis sie weich sind.

+ Salatrippen, Sellerie und Dill einrühren und 10 Minuten andünsten.

+ Ein paar Prisen Salz einstreuen.

+ Die Dicken Bohnen, bis auf ein paar für die Garnitur, einrühren und dann sofort mit dem kochenden Wasser übergießen. 10 Minuten köcheln lassen, bis die Bohnen weich sind.

+ Die Salatblätter einstreuen und den Topf zudecken. Die Blätter fallen innerhalb von 1–2 Minuten zusammen.

+ Die Suppe in den Vitamix füllen und glatt pürieren.

+ Die Suppe in einen sauberen Topf geben, Zitronensaft einrühren und mit Salz und Pfeffer abschmecken.

+ Mit den zurückbehaltenen Bohnen und Dillspitzen garnieren.

DICKE BOHNEN PULEN UND PUTZEN

Dicke Bohnen zieren sich ein wenig und werden nicht gerne ausgelöst. Außerdem benötigt man erst einmal eine Anleitung zum Pulen, wenn man mit den Bohnen nicht vertraut ist. Am besten kaufen Sie mehr, als Sie auf den ersten Blick zu brauchen meinen, denn beim zweifachen Schälen fällt viel Volumen weg. Die Bohnen sollten glatt und leuchtend grün sein. Wirken sie aufgebläht, sind sie alt und schmecken bitter. Und so entlocken Sie sie der Schale:

- + Die Schoten mit dem Finger entlang der »Naht«
  öffnen und den Stiel am
  oberen Ende abziehen. Jede Schote enthält etwa
  vier oder fünf Bohnen.
- + Die Schote aufklappen und die Bohnen auslösen.
  Innerhalb der Schote sind die Bohnen in eine wachsige
  Haut gehüllt.
- + Die Bohnen in kochendem Wasser etwa 30 Sekunden
  blanchieren und dann in einer Schale mit Eiswasser
  abschrecken, damit sie nicht weitergaren.
- + Die Bohnen nun einfach mit den Fingern aus ihrer
  Hülse drücken.
- + Jetzt sind die Bohnen kochfertig vorbereitet.

KURZ NOTIERT *

Dicke Bohnen sind reich an Tyramin, ein sogenanntes biogenes Amin, das den Blutdruck reguliert. Wer allerdings Antidepressiva oder andere MAO-(Monoaminooxidase)-Hemmer einnimmt, sollte diese Suppe nicht essen. Diese Medikamente verhindern, dass Tyramin im Organismus abgebaut wird, so dass es sich stattdessen im Blut ansammelt. Das kann den Blutdruck erhöhen und andere Symptome auslösen.

ICH LI-LA-LIEBE BLUMENKOHL

Manchmal frage ich mich, warum der Mensch all diese Chemie isst, wo die Natur uns doch mit so wunderbaren Aromen und Farben beschenkt. Jeder Spaziergang über den Wochenmarkt liefert mir neue Ideen und gibt mir ein Gefühl von Lebendigkeit. Der Grund: Praktisch alles, was ich dort kaufe, wirkt sich direkt auf Körper, Seele und Geist aus. Zum Beispiel lila Blumenkohl. Er sieht nicht nur schön aus, sondern hat auch umwerfende Wirkung. Die violette Farbe beruht auf Anthocyanen, sekundären Pflanzstoffen, die Blutzucker und Körpergewicht regulieren helfen, dazu kommen Glucoraphanine, die das Krebsrisiko senken sollen.

Für 4–6 Personen

1 EL Kokosnussöl

1 Stange Staudensellerie, gehackt

1 mittelgroße Zwiebel, in Scheiben geschnitten

1 Kopf lila Blumenkohl, in große Stücke geschnitten

2–3 kleine Kartoffeln, geschält und gewürfelt

kochendes gefiltertes Wasser

1 EL süße, weiße Miso-Paste (Shiro Miso)

2 Knoblauchzehen, fein gehackt

Saft von 1 Limette

Himalayasalz

+ Das Öl bei mittlerer bis starker Hitze in einem Suppentopf erhitzen und Sellerie und Zwiebel darin anbraten, bis die Zwiebel glasig wird.

+ Die Temperatur auf mittlere Hitze reduzieren und den Blumenkohl hineingeben. Ein paar Röschen zum Garnieren zurückbehalten.

+ Die Kartoffeln hinzufügen und das Gemüse mit kochendem Wasser bedecken. 15–20 Minuten kochen, bis der Blumenkohl al dente ist.

+ Miso und Knoblauch einrühren und ein paar Minuten weiterkochen.

+ Die Suppe in den Vitamix geben und glatt pürieren.

+ Den Limettensaft einrühren.

+ Die Suppe mit Salz abschmecken.

+ Mit den restlichen Blumenkohlröschen garniert servieren.

KURZ NOTIERT*

Außerhalb des Detox können Sie die Suppe für noch mehr Geschmack zusätzlich mit ½ Teelöffel Trüffelöl garnieren.

AUF DER
GELBEN GEWÜRZSTRASSE

Ich denke oft an meine Kurzreise nach Marokko zurück und möchte gern noch einmal dorthin. Die Aromen und Gerüche der Märkte und der Duft der marokkanischen Küche sind unvergesslich. Jedes Mal, wenn ich gelbe Linsensuppe koche, bin ich in Gedanken wieder dort. Ich liebe die Suppe aber auch wegen ihres Reichtums an Ballaststoffen, Folsäure und Eisen. Linsen regen die Adrenalinbildung an und sind gut für Herz und Kreislauf.

Für 4–6 Personen

1 Becher getrocknete gelbe Linsen
2 EL Kokosnussöl
1 Zwiebel, in Scheiben geschnitten
1 Tomate, auf einer groben Reibe gerieben
1 TL gemahlenes Kurkuma
½ TL rote Chiliflocken (nach Wunsch)
1 l kochendes gefiltertes Wasser
Himalayasalz und frisch gemahlener schwarzer Pfeffer
evtl. etwas frisch gepresster Zitronensaft
frisches Koriandergrün oder Petersilie zum Garnieren

+ Die Linsen waschen und über Nacht in Wasser einweichen. Am nächsten Tag abseihen.
+ Das Öl bei mittlerer Hitze in einem Suppentopf erhitzen und die Zwiebel darin glasig anbraten.
+ Tomate, Kurkuma und nach Wunsch Chiliflocken einrühren.
+ Die Linsen hinzufügen und alles mit kochendem Wasser bedecken.
+ 30 Minuten kochen, bis die Linsen gar sind.
+ Die Suppe in den Vitamix geben und glatt pürieren.
+ Die Suppe abschmecken und falls nötig mit Salz, Pfeffer und Zitronensaft nachwürzen.
+ Mit Koriander oder Petersilie garnieren.

KURZ NOTIERT*

Linsen quellen auch nach Ende des Kochvorgangs weiter auf. Testen Sie, ob Sie mit der Konsistenz der Suppe zufrieden sind. Bei Bedarf mit etwas kochendem Filterwasser verdünnen.

EIN (T)RÜFFEL FÜR DEN SPARGEL

Unterschätzen Sie den Spargel nicht. Laut Dr. Mao wird Spargelsaft in China aufgrund seines Gehalts an Glutathion zur Krebsbehandlung verschrieben. Spargel ist zudem reich an B-Vitaminen und Antioxidantien. Inspiriert wurde ich zu dieser Suppe, die für mich das reinste Anti-Aging-Mittel ist, beim Besuch eines persischen Restaurants. Ich verwende hier weißen Spargel, die Suppe kann aber auch mit grünem oder violettem Spargel zubereitet werden – solange er aus Bio-Anbau stammt.

Für 4–6 Personen

1 ¼ l gefiltertes Wasser
2 Bund weißer Spargel
Saft von 1 Zitrone
Himalayasalz
1 EL natives Olivenöl extra
1 große Stange Lauch
(nur der weiße Teil),
grob gehackt
1 TL Trüffelöl

Spargel und gusseiserne Töpfe vertragen sich nicht. Die Suppe also bitte nicht in einem Eisentopf kochen, da der Spargel mit Eisen reagiert.

+ Das Wasser bei starker Hitze zum Kochen bringen.
+ Die holzigen Enden der Spargelstangen (ca. 2 cm) abschneiden, die Stangen dünn schälen und in 5 cm lange Stücke schneiden. Die Schalen aufbewahren.
+ Die Spargelstücke zu zwei Bündeln legen und mit Küchengarn zusammenbinden.
+ Spargelschalen, Zitronensaft und Salz in das kochende Wasser geben.
+ Die Temperatur reduzieren, die Spargelbündel hineinlegen und etwa 10 Minuten gar kochen (nicht zu lang, da der Spargel sonst weich wird und Geschmack verliert).
+ Den Spargel herausheben und auf Küchenpapier abtropfen lassen.
+ Die Spargelbrühe abseihen, auffangen und bei niedriger Hitze auf dem Herd warm halten.
+ Das Öl bei mittlerer bis starker Hitze im Suppentopf erhitzen und den Lauch darin anbraten, bis er weich ist.
+ Die Spargelbrühe darübergießen, die Spargelbündel öffnen und in die Suppe geben. Ein paar Minuten köcheln lassen.
+ Die Suppe in den Vitamix geben und glatt pürieren.
+ Die Suppe nach Wunsch mit Salz und Zitronensaft nachwürzen.
+ Mit Trüffelöl beträufelt sofort servieren.

SONNENGELBE TOMATENSUPPE

Ich liebe Salat aus roten Tomaten, habe aber leider mit ihrer Säure zu kämpfen. Daher war es für mich nie eine Option, eine Suppe aus Bergen roter Tomaten zu kochen, um ihre vor Krebs schützenden Kräfte zu nutzen. Mein Magen spielte leider nicht mit … bis ich gelbe Tomaten entdeckte! Interessanterweise enthalten gelbe Tomaten ein anderes Lycopin als rote Tomaten, das besser verdaulich ist, was sich durch Öl noch verstärkt. (Es ist als Antioxidans und Radikalfänger für die antikarzinogene Wirkung verantwortlich.) Zudem enthalten gelbe Tomaten auch mehr Eisen und andere Mineralien als rote. Bevorzugen Sie beim Kauf immer lokale Bio-Ware – kaufen Sie auf dem Wochenmarkt am besten direkt beim Erzeuger. Bio-Tomaten sind zwar meist kleiner als Supermarktware, aber dafür umso schmackhafter und saftiger, versprochen.

Für 4 Personen

2 EL natives Olivenöl extra
(plus, falls nötig, etwas mehr
zum Mixen)
1 mittelgroße Zwiebel, fein
gehackt
3 Knoblauchzehen,
in Scheiben geschnitten
6 große gelbe Tomaten,
entkernt und geviertelt
1 l kochendes gefiltertes
Wasser
4 frische Basilikumblätter
Himalayasalz und frisch
gemahlener schwarzer Pfeffer

+ Das Öl bei mittlerer bis starker Hitze im Suppen-
 topf erhitzen und Zwiebel und Knoblauch darin
 glasig braten.
+ Die Tomaten einrühren und 5 Minuten andünsten.
+ Mit dem kochenden Wasser übergießen und das
 Basilikum einrühren.
+ Die Suppe mit Salz und Pfeffer würzen, dann in den
 Vitamix geben und glatt pürieren. Soll die Konsistenz
 etwas geschmeidiger sein, etwas mehr Olivenöl
 dazugießen.

KURZ NOTIERT*

Mit grünem Tomaten-Tartar als Garnitur wird die Suppe ein Hingucker. Schon das Farbspiel ist es wert.

GRÜNES TOMATEN-TARTAR

2 grüne Tomaten
(vorzugsweise alte Sorte,
z. B. Grünes Zebra)
½ Schalotte, fein gehackt
1 Knoblauchzehe, fein gehackt
Blätter von 1 Zweig Zitronenthymian
Himalayasalz

+ Die Tomaten schälen und halbieren.
+ Saft und Samen herausdrücken, den Saft auffangen und zum
  Beispiel für Salatsauce verwenden.
+ Das Fruchtfleisch fein würfeln. Gründlich abtropfen lassen,
  damit die Würfel nicht zerfallen.
+ Tomatenwürfel, Schalotte, Knoblauch und Zitronenthymian
  in einer Schüssel durchheben und mit Salz würzen.
+ Das Tomaten-Tartar zum Servieren in einen Dessertring geben
  und mit Hilfe von Küchenpapier etwas Saft herausdrücken.
  Den geformten Tartar vorsichtig auf die Suppe setzen. Man
  kann ihn auch von Hand formen.

WER HAT HIER
WAS AUF DEN MÖHREN?

Ich muss gestehen, rohe Karotten waren mir schon immer lieber als gekochte. Als ich aber letztes Jahr in Paris im jüdischen Viertel Marais einen gerösteten Karottensalat aß, habe ich meine Meinung ein wenig geändert. Er war perfekt mit Gewürzen abgeschmeckt, nach denen ich mich noch lange nach der Reise verzehrte. Nachdem ich dann noch in einer Studie las, dass gekochte Karotten noch nahrhafter sind als rohe, musste eine Suppe daraus her. Sie gelang wunderbar, und jedes Mal, wenn ich dieses würzige Wunder esse, weiß ich, dass ich mir etwas Gutes tue. Natürlich ist es schön, dass die Forschung bestätigt, dass Karottensuppe zur Prävention chronischer Erkrankungen beiträgt, entzündungshemmend wirkt und das Blut reinigt und revitalisiert – aber sie schmeckt auch einfach gut.

Für 4 Personen

2 EL Kokosnussöl

1 Zwiebel, gehackt

500 g Karotten, geschält

¼ TL Harissa-Paste

½ TL gemahlenes Kurkuma

¼ TL Kümmelkörner, frisch gemahlen

1–1 ¼ l kochendes gefiltertes Wasser

Himalayasalz

1 EL Apfelessig

1 ½ Becher Rucola

+ Das Öl bei mittlerer bis starker Hitze in einem Suppentopf erhitzen und die Zwiebel darin glasig braten.

+ Karotten und Gewürze hinzufügen und umrühren, bis die Karotten rundum mit den Gewürzen bedeckt sind. (Wenn Sie Schärfe nicht gut vertragen, nehmen Sie weniger Harissa!)

+ Mit dem kochenden Wasser übergießen und 45 Minuten köcheln lassen, bis die Karotten bissfest sind.

+ Die Suppe 30 Minuten ziehen lassen, damit die Aromen sich entfalten.

+ In den Vitamix geben, nach Geschmack mit Salz würzen und glatt pürieren.

+ Den Apfelessig auf die Suppe träufeln. Abschmecken und bei Bedarf noch etwas Apfelessig nachträufeln.

+ Der frische Rucola gibt Farbe und Biss.

DEN KÜRBIS KABOCHA ICH MIR

Diese ungewöhnliche Mischung aus japanischem Kabocha-Kürbis und arabischen Gewürzen entstammt einem Spiel mit Zutaten, wie ich es liebe. Sie ist ein sättigendes, aromatisches und aufregendes Festmahl, bei dem man sich in den Nahen Osten versetzt fühlt. Die Suppe steckt voller Beta-Carotin, das der Körper in Vitamin A umwandelt, stärkt das Immunsystem, die weißen Blutkörperchen, die Augen und hält Haut und Haare gesund.

Für 4–6 Personen

1 mittelgroßer Kabocha-Kürbis
Himalayasalz und frisch
gemahlener schwarzer Pfeffer
½ TL natives Olivenöl extra
1 EL Kokosnussöl
1 mittelgroße rote Zwiebel,
in Spalten geschnitten
1 EL Zatar (siehe Kurz notiert),
plus etwas mehr zum Garnieren
2 EL Tahini
Saft von 1 Zitrone
1 Knoblauchzehe, fein gehackt
1–1 ¼ l kochendes gefiltertes
Wasser
1 EL frische glatte Petersilie
zum Garnieren (nach Wunsch)

+ Den Backofen auf 190 °C vorheizen.
+ Den Kabocha waschen, halbieren und Kerne und Fasern ausschaben.
+ Das Fruchtfleisch würfeln, mit Salz und Pfeffer würzen und mit Olivenöl beträufeln.
+ Auf einem Backblech verteilen und 25 Minuten im Backofen rösten, bis der Kürbis beim Einstechen mit der Gabel weich ist.
+ Das Kokosnussöl bei mittlerer bis starker Hitze im Suppentopf erhitzen und die Zwiebel darin glasig braten.
+ Zatar, Tahini, Zitronensaft, Knoblauch und etwas Salz hineingeben und mit der Zwiebel zu einer Paste verrühren. Falls nötig, mit ein wenig kochendem Filterwasser verdünnen.
+ Den Kürbis hineingeben und mit dem Wasser übergießen.
+ 30 Minuten köcheln lassen, dann den Topf vom Herd nehmen.
+ Die Suppe 30 Minuten ziehen lassen.
+ In den Vitamix geben und glatt pürieren.
+ Heiß mit einer Prise Zatar zum Abrunden servieren.
+ Nach Wunsch mit Petersilie garnieren.

KURZ NOTIERT*

Wenn Sie die Gewürzmischung Zatar nicht bekommen, können Sie sie auch leicht selbst herstellen. Es gibt viele Rezepte, aber dieses hier ist einfach.

ZATAR

+ 1 EL getrockneten Thymian,
  1 EL geröstete Sesamsamen,
  1 EL gemahlenen Gewürz-Sumach,
  1 EL gemahlenen Majoran und
  1 ½ TL Himalayasalz vermengen.
+ In einem dunklen Schraubglas
  kühl aufbewahrt, hält es sich
  etwa zwei Monate lang.

DAS SCHMECKT JA TRAUBENHAFT

Als Kind konnte ich vor meinem Fenster Trauben pflücken. Gern kaute ich auch die jungen, herrlich frisch und zitronig schmeckenden Blätter. Natürlich musste ich auch mit Weinblättern in Suppe experimentieren. Warum auch nicht? Sie sind gut gegen Blut- und Energiemangel, regulieren den Blutzuckerspiegel und lindern Wechseljahresbeschwerden wie Schweißausbrüche. Dazu sind sie reich an den Vitaminen A, B6, C, E und K sowie an Kalzium und Magnesium und außerdem eine überraschende Quelle für Omega-3-Fettsäuren! Frische Weinblätter enthalten über 2 Prozent Fett und zählen neben Flachs und Chiasamen zu den pflanzlichen Omega-3-Lieferanten. In Kombination mit Fenchel entsteht ein mächtiger Antioxidantien-Zaubertrank, der auch gut für Knochen, Muskeln und Nerven ist.

Für 4–6 Personen

2 EL natives Olivenöl extra
1 mittelgroße Zwiebel, gehackt
2 Knoblauchzehen, fein gehackt
Himalayasalz und frisch gemahlener schwarzer Pfeffer
1 Fenchelknolle, geviertelt
2 mittelgroße, weißfleischige Kartoffeln
15 Weinblätter (frisch oder in Salzlake eingelegt), gehackt
½ Becher frische Minzeblätter
1–1 ¼ l kochendes gefiltertes Wasser
Saft von 2 Zitronen
getrocknete Minze- oder Weinblätter zum Garnieren

+ Das Öl bei mittlerer bis starker Hitze in einem Suppentopf erhitzen und Zwiebel und Knoblauch darin etwa 5 Minuten glasig anbraten.
+ Salz und Pfeffer einrühren.
+ Den Fenchel hinzufügen und 3 Minuten anschwitzen, bis er weich ist.
+ Die Kartoffeln hineingeben und 3 Minuten anschwitzen, bis sie weich sind.
+ Weinblätter und Minze einrühren und mit kochendem Wasser übergießen.
+ 30–45 Minuten köcheln lassen, bis Kartoffeln und Weinblätter gar sind.
+ Mit Salz und Pfeffer abschmecken.
+ Die Suppe in den Vitamix geben und glatt pürieren.
+ Den Zitronensaft einrühren.
+ Die Suppe mit getrockneten Minze- oder Weinblättern garnieren und heiß servieren.

KURZ NOTIERT*

Wenn man nicht gerade in den Weinbergen lebt, sind frische Weinblätter eine Seltenheit. In Salzlake eingelegt, sind sie aber in den meisten großen Supermärkten sowie in italienischen, griechischen, türkischen, arabischen und vielen asiatischen Lebensmittelläden erhältlich. Manchmal lohnt es sich auch, auf dem Wochenmarkt danach zu fragen. Manche Händler können sie besorgen.

KOMM, LASS UNS ARTI-SCHOCKEN!

Die spitzblättrige Artischocke ist nicht nur hübsch anzusehen, sondern schmeckt auch köstlich. Sie gehört zu den Gemüsen, die Gesprächsstoff liefern – und da gibt es viel zu erzählen! Das Mitglied der Distelfamilie ist ein kräftiger Leberreiniger, es enthält eine Reihe sekundärer Pflanzenstoffe (Apigenin, Cynarin, Silymarin und Luteolin), die harntreibende Wirkung haben, die Leber entgiften sowie die Gallenblasenfunktion und -sekretion stärken. In der TCM werden Artischocken gegen Wassereinlagerungen und Leberbeschwerden verschrieben. Sie regen die Verdauung an und helfen gegen Magenübersäuerung. Durch die Kombination von Artischocke, Knoblauch, Thymian und anderen Kräutern und Gewürzen ist diese Suppe einer der stärksten Reinigungstrunke, die Sie zu sich nehmen können.

Für 4–6 Personen

1 EL natives Olivenöl extra
2 mittelgroße Stangen Lauch, grob gehackt
3 Knoblauchzehen
2 Becher frische Artischockenherzen (oder, falls erhältlich, TK-Ware, dann aufgetaut)
2 mittelgroße Kartoffeln, gewürfelt
5 Zweige frischer Thymian
1 l kochendes gefiltertes Wasser
Saft von ½ Zitrone
grüne Harissa-Paste zum Servieren (Rezept auf Seite 168)

+ Das Öl bei mittlerer bis starker Hitze in einem Suppentopf erhitzen und Lauch und Knoblauch 5 Minuten darin glasig anbraten.
+ Artischockenherzen, Kartoffeln und Thymian hineingeben, mit kochendem Wasser übergießen und bei mittlerer bis schwacher Hitze 30–45 Minuten köcheln lassen, bis Lauch und Artischockenherzen weich sind.
+ Die Thymianzweige herausnehmen, die restlichen Blättchen abzupfen und in den Topf zurückgeben.
+ Die Suppe in den Vitamix geben und glatt pürieren.
+ Den Zitronensaft in die Suppe einrühren.
+ Die Suppe mit einer Spirale grüner Harissa-Paste garniert servieren. Sie ist gesund, nährstoffreich und liefert ein kräftiges Aroma.

GRÜNE HARISSA-PASTE

½ Becher frische Petersilie
½ Becher frisches Koriandergrün
Saft von 1 Zitrone
125 ml natives Olivenöl extra
1 Serrano-Chili
½ TL Fenchelsamen
½ TL gemahlenes Kurkuma
½ TL gemahlener Koriander
Himalayasalz

+ Alle Zutaten in den Mixer geben und mit
  Intervallschaltung grob zerkleinern.
+ Im Kühlschrank aufbewahrt, hält sich die
  Gewürzpaste eine Woche lang.

LASS MICH MAL LINSEN!

Mit Linsensuppe fing alles an. Kaum zu glauben, aber bevor ich begann, mich vegan zu ernähren, habe ich nie Linsen gegessen! Völlig verunsichert, wollte ich damals nach meiner Diagnose alle »krebsbekämpfenden« Zutaten, die ich kannte, in ein Gericht packen. Ich hatte gelesen, dass Linsen das Nervensystem schützen und die Stimmung heben – oh, wie ich das brauchte! Shiitake, Kurkuma, Kreuzkümmel, Karotten und Sellerie halfen, mein Immunsystem zu stärken und das Krebswachstum zu verlangsamen (und sogar zu stoppen). Ich wollte, dass diese Suppe gut schmeckt, und im Topf passierte ein kleines Wunder: Die Suppe wurde zur sättigenden Geschmackssensation – kräftig, frisch und ausgewogen. Schon nach einem Teller fühlte ich mich besser.

Für 4–6 Personen
1 Becher getrocknete kleine grüne Linsen
1 Becher getrocknete Shiitake, gewaschen
1 EL natives Olivenöl extra
4 Frühlingszwiebeln, diagonal in Stücke geschnitten
Himalayasalz
1 TL gemahlenes Kurkuma
1 TL gemahlener Kreuzkümmel
2 mittelgroße Karotten, gewürfelt
2 Stangen Staudensellerie, gewürfelt
2 Lorbeerblätter
Cayennepfeffer zum Servieren

+ Die Linsen waschen und über Nacht in warmem Wasser einweichen lassen, dann abseihen.
+ Die gewaschenen, getrockneten Shiitake mit kochendem Wasser übergießen und mindestens 30 Minuten quellen lassen. Die Pilze abseihen und die Einweichflüssigkeit auffangen.
+ Die Einweichflüssigkeit der Pilze zum Kochen bringen, die Linsen hineingeben und bei mittlerer Hitze 20 Minuten kochen.
+ Inzwischen das Öl bei mittlerer bis schwacher Hitze in einer Stielkasserolle erhitzen und die Frühlingszwiebeln darin 1 Minute anbraten, bis ihr Grün leuchtet.
+ Die gekochten Pilze dazugeben, mit einer Prise Salz würzen und etwa 2 Minuten anschwitzen.
+ Kurkuma und Kreuzkümmel hinzufügen und ebenfalls 2 Minuten anschwitzen. Rühren, bis Zwiebeln und Pilze gleichmäßig mit den Gewürzen bedeckt sind.
+ Die Pilzmischung samt Karotten, Sellerie und Lorbeerblättern zu den kochenden Linsen geben und umrühren.
+ Den Topf zudecken und 15 Minuten köcheln, bis Linsen, Pilze und Gemüse al dente sind.
+ Die Suppe abschmecken und, falls nötig, noch etwas nachsalzen.
+ Mit einer Prise Cayennepfeffer garniert servieren – das gibt den letzten Pfiff.

SUPPEN MIT STÜCKEN

WIR GEHEN IN DIE PILZE!

Meine Freunde kennen die Geschichten, wie ich als Jugendliche in Russlands Wäldern nach Pilzen gesucht habe. Sie nennen mich scherzhaft einen Trüffelhund, da ich an Geruch und Aussehen erkennen kann, ob ein Pilz gut ist. Dass der erdige Geschmack von Pilzen so himmlisch ist, liegt an »umami«, dieser schwer definierbaren, fünften Geschmacksrichtung, mit der sie gesegnet sind. Pilze sind von Natur aus natriumarm und reich an Vitamin D. Studien zufolge stärken sie das Immunsystem und besitzen sogar antikarzinogene Eigenschaften. In der TCM gelten sie als Delikatesse und als Medizin gleichermaßen. Diese Suppe ist meine Ode an die Pilze. Ich mag sie mit recht großen Stücken, wer aber, wie meine Tochter, Cremesuppen bevorzugt, kann sie einfach zu einer solchen pürieren.

Für 4–6 Personen

2 Becher getrocknete Shiitake-Scheiben, gewaschen

1 ganze Knoblauchknolle

2 EL Kokosnussöl

2 große Stangen Lauch, in dünne Ringe geschnitten

1 Becher kleine braune Zucht-Champignons, gebürstet und je nach Größe halbiert oder geviertelt

1 Becher kleine weiße Zucht-Champignons, gebürstet und je nach Größe halbiert oder geviertelt

10 kleine, längliche Kartoffeln (z. B. Bamberger Hörnla), je nach Größe halbiert oder geviertelt

4 Safranfäden

1 Lorbeerblatt

3 Zweige frischer Thymian

Himalayasalz und frisch gemahlener schwarzer Pfeffer

1 ½ TL gehackte frische Petersilie zum Garnieren

+ Die Shiitake mit kochendem Wasser übergießen und mindestens 30 Minuten quellen lassen.

+ Den Backofen auf 190 °C vorheizen. Die Knoblauchknolle auf ein mit Backpapier ausgelegtes Backblech legen und 45 Minuten backen. Abkühlen lassen, dann den Knoblauch in eine kleine Schüssel drücken und zu einer Paste zerstoßen, die Schalen wegwerfen.

+ Die Shiitake absеihen und die Einweichflüssigkeit auffangen; Pilze gründlich waschen, das Einweichwasser durch einen Papierfilter laufen lassen und auf die Seite stellen.

+ In der Zwischenzeit das Öl in einem Suppentopf erhitzen und den Lauch 2 Minuten darin anbraten.

+ Alle Pilze hineingeben und 3–5 Minuten anschwitzen, bis sie zu schrumpfen beginnen.

+ Kartoffeln, Shiitake-Einweichwasser, Knoblauchpaste, Safran, Lorbeerblatt, Thymian-
  zweige sowie Salz und Pfeffer einrühren.
+ Die Suppe bei mittlerer bis schwacher Hitze 30–45 Minuten köcheln lassen, bis die
  Kartoffeln gar sind und die Suppe goldbraun gefärbt ist.
+ Die Suppe vom Herd nehmen und 30 Minuten ziehen lassen – oder am Abend zubereiten
  und über Nacht stehen lassen.
+ Die Suppe heiß und mit Petersilie garniert servieren.

KURZ NOTIERT*

Wenn Pfifferlinge und Steinpilze Saison haben, sind sie eine wunderbare Ergänzung für diese Suppe, ob roh hineingegeben, leicht angebraten oder klein gehackt als Garnitur. Ich verwende alle Arten von Speisepilzen – was ich gerade finde: Shimeji, Kräuterseitlinge, Maitake oder Austernpilze.

Wir gehen in die Pilze!
Rezept S. 172

Erzähl keine Chili-Schoten
Rezept S. 176

ERZÄHL KEINE CHILI-SCHOTEN

Jeder, der diese Suppe probiert, liebt sie, ob Veganer oder nicht. Die kräftige Chili enthält mehr Proteine als ein Steak und ist rein pflanzlich! Sie reguliert zudem wunderbar den Blutzuckerspiegel und entwaffnet freie Radikale. Chili steckt voller Ballaststoffe, Flavonoide und Molybdän, ein Spurenelement, das im Körper zum Abbau von Sulfiten beiträgt und sie unschädlich macht. Um die Suppe noch besser zu machen, habe ich statt Reis Quinoa verwendet, die berühmt ist wegen ihrer entzündungshemmenden sekundären Pflanzenstoffe sowie ihres Reichtums an den Vitaminen B1, B2, B3, B6 und B9 sowie den Mineralstoffen Kalium, Kupfer, Zink und Magnesium. Jeder Teller dieser Suppe ist Gesundheit pur und zudem extrem lecker!

Für 6 Personen

½ Becher rote Quinoa, über Nacht eingeweicht
½ Becher weiße Quinoa, über Nacht eingeweicht
etwas natives Olivenöl extra
1 Zwiebel, gehackt
2 Knoblauchzehen, fein gehackt
1 Jalapeño-Chilischote, gewürfelt
1 mittelgroße Karotte, geschält und gehackt
2 Stangen Staudensellerie, gehackt
1 Zucchini, gehackt
1 gelbe Paprika, entkernt und gehackt
1 rote Paprika, entkernt und gehackt
1 orange Paprika, entkernt und gehackt

1 Becher schwarze Bohnen, über Nacht eingeweicht und gekocht
1 Becher Kidneybohnen, über Nacht eingeweicht und gekocht
2 gewürfelte Tomaten mit Saft
250 ml frisch gepresster Tomatensaft
1 EL gemahlenes Kurkuma
1 Handvoll frische Oreganoblätter oder ½ EL getrockneter Oregano
Himalayasalz und frisch gemahlener schwarzer Pfeffer
1 EL Chilipulver
500–750 ml kochendes gefiltertes Wasser (zusätzlich zum Quinoa-Kochwasser)
Avocadospalten, frische Korianderzweige und Zwiebelwürfel zum Garnieren

+ In einem mittelgroßen Topf 500 ml Wasser zum Kochen bringen, die Quinoa hineingeben, die Temperatur auf köchelnd reduzieren und etwa 20 Minuten kochen, bis alle Flüssigkeit aufgenommen ist. Auf die Seite stellen.
+ Ein wenig Olivenöl bei mittlerer Hitze in einem großen Suppentopf erhitzen und die Zwiebel darin 5 Minuten glasig anbraten.
+ Knoblauch, Jalapeño, Karotte, Sellerie, Zucchini und Paprika hinzufügen und etwa 10 Minuten anschwitzen, bis die Gemüse weich werden.

+ Bohnen, Tomaten, Tomatensaft, Kurkuma und Oregano einrühren, mit Salz und Pfeffer abschmecken. Erst dann nach und nach Chilipulver einstreuen, um die Schärfe gut kontrollieren zu können.
+ Quinoa und das kochende Filterwasser einrühren und 30 Minuten köcheln lassen.
+ Unter Rühren nochmals mit Salz, Pfeffer und Gewürzen abschmecken.
+ Mit Avocadospalten, Koriander und Zwiebelwürfeln garnieren.

RAUS AUS DER
VERDAM-MUNG-BOHNE!

Wenn Sie noch nie Mungbohnensuppe gegessen haben, wissen Sie nicht, was Ihnen entgeht. Die kleinen grünen oder gelben Hülsenfrüchte werden in der indischen Küche sehr geschätzt. Ich mag ihr zartes Aroma, ihren hohen Proteingehalt und ihre ganzheitlichen Eigenschaften. In den Küchen und Heilsystemen Asiens werden sie seit Jahrhunderten zur Entgiftung verwendet. Diese Suppe steckt voller Antioxidantien, hilft, Krankheiten zu bekämpfen, schützt den Körper und stellt im Heilungsprozess, bei Erschöpfung oder Verdauungsproblemen das Gleichgewicht wieder her. Was ich aber am meisten an ihr schätze, ist ihre Wirkung gegen Reizbarkeit und Kopfschmerz.

Für 4–6 Personen

½ Becher getrocknete grüne Mungbohnen

3 Kardamomkapseln

3 EL natives Olivenöl extra

1 Zwiebel, gehackt

1 daumennagelgroßes Stück Ingwer, fein gehackt

3 Knoblauchzehen, fein gehackt

¼ TL frisch gemahlener schwarzer Pfeffer

1 gehäufter TL gemahlenes Kurkuma

1 gehäufter TL gemahlener Kreuzkümmel

¼ TL zerstoßene rote Chilis

½ TL gemahlener Koriander

Himalayasalz

1 ¼ l kochendes gefiltertes Wasser

3–4 Becher gehackte Gemüse
(z. B. Karotten, Sellerie, Zucchini, Brokkoli, Blumenkohl)

½ Becher Vollkorn-Basmatireis

rote Chiliflocken zum Garnieren

+ Die Mungbohnen unter kaltem Wasser gründlich waschen. Über Nacht einweichen.
+ Die Körner aus den Kardamomkapseln herausdrücken und im Mörser zerstoßen.
+ Die Kardamomsamen in einer Stielkasserolle trocken rösten, bis sie tanzen und zu duften beginnen.
+ Das Öl bei mittlerer Hitze in einem Suppentopf erhitzen und Zwiebel, Ingwer, Knoblauch, schwarzen Pfeffer, Gewürze, geröstete Kardamomsamen und Salz darin anschwitzen, bis eine Paste entsteht.

KURZ NOTIERT*

Wenn ich nicht gerade entgifte, gebe ich gerne Sriracha-Sauce, eine scharfe Chilisauce, die aus Thailand stammt, in meine Mungbohnensuppe. Sie sorgt für solide Schärfe.

+ Mungbohnen und kochendes Filterwasser hinzufügen und bei mittlerer Hitze 60–90 Minuten kochen, bis die Mungbohnen zu einer dicken Flüssigkeit verkocht sind.

+ Gemüse und Reis hineingeben, die Temperatur reduzieren und weitere 20 Minuten köcheln lassen.

+ Die Suppe mit Salz und Gewürzen abschmecken.

+ Heiß servieren und nach Geschmack mit Chiliflocken nachschärfen.

PAK CHOI IN DEN TOPF!

Was ich an Asien liebe, ist, dass man an jeder Straßenecke Suppen kaufen kann. Sie sind das asiatische Fastfood. Man sitzt in null Komma nichts vor einer dampfenden, aromatisch duftenden Schüssel und kann nährstoffreiches frisches Gemüse genießen. So kam ich auf die Idee, die von mir so geliebten asiatischen Aromen mit all den für meine Ernährung wichtigen Wurzeln und Gemüsen in einer eigenen Suppenkreation zu vereinen, und dachte mir: Pa(c)k Choi in den Topf! Der Senfkohl ist der Star dieser Suppe und ein Wunder an antioxidativen Kräften und zudem reich an den Vitaminen A, C und K. In Kombination mit Daikon-Rettich, Karotten, Zwiebeln und Shiitake schützt diese Suppe Ihre Gesundheit rund ums Jahr.

Für 6 Personen

1 EL natives Olivenöl extra

1 TL Sesamöl

1 mittelgroße Speisezwiebel, in dünne Ringe geschnitten

2 Knoblauchzehen, in dünne Scheiben geschnitten

Himalayasalz

2 Becher frische Shiitake, in Scheiben geschnitten

1 ½ TL frisch geriebener Ingwer

1 Becher in feine Streifen geschnittener Daikon-Rettich

1 Becher in feine Streifen geschnittene Karotte

2 l kochendes gefiltertes Wasser

65 ml Tamari-Sojasauce

3 Baby-Pak Choi (junge Senfkohle), halbiert

rote Chiliflocken und Serrano-Chilis zum Servieren (nach Wunsch)

+ Olivenöl und Sesamöl gemeinsam bei mittlerer Hitze in einem Suppentopf erhitzen.

+ Zwiebel und Knoblauch hineingeben, leicht salzen und unter gelegentlichem Rühren 15 Minuten goldbraun anbraten.

+ Pilze, Ingwer, Daikon-Rettich und Karotte dazugeben und 5 Minuten anschwitzen.

+ Mit kochendem Filterwasser aufgießen, die Sojasauce einrühren und die Suppe leicht aufkochen.

+ Die Temperatur auf köchelnd reduzieren, den Pak Choi hineingeben, zudecken und 5 Minuten köcheln lassen.

+ Die Suppe vom Herd nehmen, abschmecken und servieren.

+ Für würzige Schärfe nach Wunsch rote Chiliflocken und/oder Serrano-Chilis hineingeben.

HEUTE BLEIBT DIE BETE KALT

Ich liebe Eingelegtes so sehr, dass ich einfach eine Suppe daraus zubereiten musste. Die Zutaten können Sie im Bio-Handel kaufen, oder Sie begeben sich zuvor mit mir auf die Einmachstraße (siehe mein Rezept weiter unten). Ich verspreche, es ist ganz einfach und sehr gesund. Diese Suppe ist der reinste Zaubertrank für Immunsystem und Gesundheit allgemein. Sie steckt voller guter Darmbakterien wie Lactobacillus sowie verdauungsfördernder und darmstärkender Enzyme, die unserem Körper helfen, alle notwendigen Nährstoffe aufzunehmen. Wer diese Suppe ganzjährig isst, ist nie erkältet.

Für 4 Personen

1 l Rote-Bete-Kwas (Rezept im Abschnitt Brühen)

2 Becher Sauerkraut (Rezept siehe S. 184)

2 Gewürzgurken (wenn möglich unpasteurisiert, d. h. nicht eingekocht), in Halbkreise geschnitten

5 frische oder eingelegte Radieschen, in halbe Scheiben geschnitten

2 frische oder eingelegte Karotten, in Scheiben geschnitten

10 kleine, längliche Kartoffeln (z. B. Bamberger Hörnla), gekocht und abgekühlt, evtl. zerkleinern

½ TL Himalayasalz

Cayennepfeffer

1 EL Apfelessig

frischer Dill oder Petersilie zum Garnieren

+ Alle Zutaten, bis auf die Gewürze und die Garnitur, in eine Schüssel geben.
+ Mit Salz, Cayennepfeffer und Apfelessig abschmecken.
+ Mit frischem Dill oder Petersilie garnieren und kalt servieren.

SAUERKRAUT

½ Weißkohl, gehobelt
1 Knoblauchzehe, gehackt
1 EL Himalayasalz
1 EL getrockneter Dill

+ Kohl und Knoblauch in eine große Schüssel geben.
+ Salz und Dill hinzufügen und das Kraut mit den Händen
  5 Minuten durchwalken.
+ Einen Teller auf das Kraut legen und mit ein paar Steinen
  beschweren. Die Schüssel dann an einen kühlen, trockenen Ort stellen.
+ Das Kraut zwei Tage lang immer wieder mit dem Teller
  herunterpressen, so dass es Flüssigkeit abgibt und weich
  wird. Danach überprüfen.
+ Insgesamt 3–4 Tage ohne direkte Sonneneinstrahlung
  gären lassen und immer wieder kräftig pressen, bis das
  Kraut in Flüssigkeit schwimmt. Probieren, und wenn es
  gut schmeckt, kann es im Kühlschrank gelagert werden.

EINGELEGTES GEMÜSE

Minigurken, Radieschen und Karotten, ganz belassen
1 EL Senfsaat
4 Knoblauchzehen, zerdrückt
3 Stangen Staudensellerie, grob gehackt
2 EL Meersalz
1 EL Kokosblütenzucker
1 EL Apfelessig
einige ganze schwarze Pfefferkörner
rote Chiliflocken
Gewürznelken
reichlich frischer Dill

+ Alle Zutaten in ein großes Einmachglas geben.
+ Mit Wasser bedecken, mit einem Passiertuch bedecken und an
  einen kühlen, trockenen Ort stellen. 2–3 Tage gären lassen und
  anschließend im Kühlschrank aufbewahren.

JE OLLER, JE DHAL-LER!

Dhal ist das perfekte Wintergericht. Weil er aber so nahrhaft, einfach zu kochen und lecker ist, wurde er bei mir zum Ganzjahreshit. Neben den proteinreichen roten Linsen schützen auch die Gewürze, die der Suppe ihren besonderen Duft verleihen, den Körper vor Krankheiten. Dhal hilft gegen Sodbrennen, fördert die Durchblutung, hilft, den Blutzuckerspiegel zu senken, senkt hohen Blutdruck und erhöhte Cholesterinwerte und verhindert Anämie. Hat man den Dreh einmal raus, kann man Dhal mit jeglichem Saisongemüse kochen, wie z. B. Spinat, frische Erbsen oder Brokkoli.

Für 4–6 Personen

1 TL Senfsaat
1 TL Kreuzkümmelkörner
1 TL Koriandersamen
½ TL Schwarzkümmelkörner
3 EL Kokosnussöl
1 große Zwiebel, gewürfelt
1 Jalapeño-Chilischote, in Ringe geschnitten
5 Knoblauchzehen, fein gehackt
1 kleines Stück Ingwer, gerieben
Himalayasalz
1 große Tomate, gewürfelt
1 TL gemahlenes Kurkuma
1 TL Garam Masala
1 TL gemahlener Kreuzkümmel
1 TL Currypulver
1 Becher getrocknete rote Linsen, gewaschen und abgetropft
1 ¼ l kochendes gefiltertes Wasser

+ Senfsaat, Kreuzkümmelkörner, Koriandersamen und Schwarzkümmelkörner ein paar Minuten in einem Topf trocken rösten, bis sie poppen und zu duften beginnen.

+ Das Öl bei mittlerer Hitze in einem großen Topf erhitzen und die Samen hineingeben.

+ Zwiebel und Chili sofort hinzufügen und anbraten, bis die Zwiebel glasig ist.

+ Knoblauch, Ingwer und etwas Salz hinzufügen.

+ Die Tomate einrühren und unter Rühren einige Minuten anschwitzen. Die Temperatur reduzieren, falls die Mischung anzusetzen droht.

+ Die gemahlenen Gewürze einrühren, bis sie alle Flüssigkeit aus dem Topf aufgesogen haben.

+ Linsen und kochendes Wasser in den Topf geben und bei mittlerer Hitze 30–45 Minuten unter gelegentlichem Rühren kochen, bis die Linsen zerfallen.

+ Mit dem Kartoffelstampfer zerdrücken, bis die Suppe cremig ist.

DIESE SUPPE IST FEU-DHAL

Dieses Rezept stammt von Martha Soffer, meiner liebsten Ayurveda-Therapeutin und -Köchin – einer wunderbaren Seele. Martha serviert diese Dhal-Suppe in ihrem Surya Spa. Sie wird mit halben gelben Mungbohnen zubereitet, die sehr proteinreich sind und viel Eisen und Kalium enthalten. Martha legt Wert darauf, dass sie nur Bio-Zutaten verwendet, da es schon vorgekommen sein soll, dass manche Händler ihre Mungbohnen färben! Zum Würzen empfiehlt sie eine Gewürzmischung mit Vata-ausgleichender (beruhigender) Wirkung, die zudem die Verdauung anregt und alle drei Doshas ausgleichen hilft.

Für 4 Personen

1 Becher getrocknete halbe gelbe Mungbohnen, gewaschen und zwischen den Händen gerieben

1 ½ l gefiltertes Wasser

2 TL Himalayasalz

½ TL gemahlenes Kurkuma

½ TL gemahlener Kreuzkümmel

½ TL gemahlener Koriander

½ TL gemahlener Fenchel

1 TL Kokosnussöl

1 Becher frisches Koriandergrün

schwarzes Lavasalz und 1 Prise schwarze Sesamsamen zum Garnieren

+ Mungbohnen und Wasser in einen Suppentopf geben und zum Kochen bringen.

+ Sich bildenden Schaum abschöpfen, dann umrühren, zudecken, die Temperatur reduzieren und 30 Minuten köcheln lassen.

+ Salz und alle Gewürze in einem kleinen Topf im Kokosnussöl rösten, bis sie zu duften beginnen. So werden sie aktiviert und entfalten ihre ganze Heilkraft.

+ Das Koriandergrün in die Gewürzmischung einrühren und leicht anschwitzen.

+ Die Gewürzmischung mit etwas Wasser lösen und zu den Bohnen geben.

+ Abschmecken und bei Bedarf nachsalzen.

+ Mit Lavasalz und Sesamsamen garniert, ist dies eine ausgewogene und sättigende Mahlzeit.

HINWEIS VON MARTHA

Mungbohnen-Dhal ist schnell gemacht. Wir in Surya kochen ihn jedoch lieber kurz auf, decken ihn dann ab und lassen ihn bei niedriger Temperatur lange vor sich hin köcheln. Sie können den Dhal aber auch im Schongarer oder Reiskocher kochen, dann wartet er am Ende des Tages einfach auf Sie.

AN DER BRUNNENKRESSE VOR DEM TORE

Ich wollte schon seit langem Brunnenkresse in meine Ernährung einbauen, scheute aber vor ihrem bitteren, pfeffrigen Geschmack zurück. Doch dann las ich eine Studie über ihren hohen Gehalt an Senfölglykosiden, die Brust-, Lungen-, Darm- und Prostatakrebs vorbeugen können. Plötzlich erinnerte ich mich an ein köstliches Gericht aus Kichererbsen und Karotten, das ich in Kapstadt gegessen hatte und das mit der kräftigen marokkanischen Gewürzmischung Ras el-Hanout bestreut gewesen war, und ich beschloss, mit diesen Aromen zu experimentieren. Die Süße der Kichererbsen passte hervorragend zur bitteren Brunnenkresse, und das Ergebnis schickte meine Seele auf Reisen. Die Suppe ist sehr gesundheitsfördernd: Sie hilft gegen Erschöpfung, unterstützt die Entgiftung, heilt Atemwegs- und Verdauungsbeschwerden und schützt gegen freie Radikale.

Für 4 Personen

3 Karotten, in 2 cm lange Stücke geschnitten

2 Becher gekochte Kichererbsen

2 EL Ras el-Hanout

2 EL natives Olivenöl extra

1 Zwiebel, gehackt

1,5 cm frischer Ingwer, gerieben

1 ½–2 Bund Brunnenkresse

Himalayasalz

750 ml kochendes gefiltertes Wasser

+ Den Backofen auf 180 °C vorheizen.

+ Karotten und Kichererbsen jeweils getrennt mit Ras el-Hanout und etwas Olivenöl gründlich durchheben und auf ein mit Backpapier ausgelegtes Backblech legen. 15–20 Minuten im Ofen al dente rösten.

+ Das restliche Öl bei mittlerer Hitze im Suppentopf erhitzen und Zwiebel und Ingwer darin glasig braten.

+ Die Hälfte der Kichererbsen und die Brunnenkresse hineingeben, salzen, mit Filterwasser übergießen und etwa 3 Minuten köcheln, bis die Kresse zusammenfällt.

+ Die Suppe in den Vitamix geben und glatt pürieren.

+ Abschmecken und bei Bedarf nachsalzen.

+ Heiß und mit den gewürzten Karotten und restlichen Kichererbsen servieren.

WAS SCHAUST DU MISO AN?

Auf meiner Japanreise habe ich mich in den Geschmack der vielen Miso-Brühen verliebt. Miso ist eine aus Sojabohnen gewonnene Paste und mit ihrem ausgeprägten Umami-Geschmack einer der Inbegriffe der japanischen Küche. Miso-Suppen sind der perfekte Auftakt für jede Mahlzeit, auch für das Frühstück. Nach nur einer Tasse fühlt man sich umsorgt und geerdet. Miso-Paste finden Sie in jedem Asialaden, für Bio-Qualität gehen Sie aber besser ins Reformhaus oder in den Bio-Supermarkt. Die Brühe hilft bei der Fettverbrennung und der Entschlackung.

Für 4 Personen

1 l Mineralwasser
1 ½ Becher Daikon-Rettich,
in 1,5 cm lange Stücke
geschnitten
1 Stück Wakame-Alge
3 TL rote Miso-Paste
2 Frühlingszwiebeln, gehackt,
zum Servieren

+ Mineralwasser und Rettich in einen Suppentopf geben, bei mittlerer Hitze heiß werden lassen und 5 Minuten kochen.
+ In der Zwischenzeit die Wakame 5 Minuten in Wasser einweichen und in kleine Stücke schneiden.
+ Wakamestücke zum Rettich in den Topf geben und bei schwacher Hitze kochen, bis Daikon und Wakame gar sind.
+ Die Miso-Paste in die Brühe einrühren und weitere 3 Minuten köcheln lassen.
+ Die Suppe mit Frühlingszwiebeln garniert sofort servieren.

DIES IST KEINE BITTRE-GURKEN-ZEIT!

Bittergurken, auch Bittermelonen genannt, gelten in Asien als Glücksbringer. Traditionelle chinesische Ärzte verschreiben sie gegen Diabetes Typ 2, und die Wissenschaft gibt ihnen inzwischen recht. Die Inhaltsstoffe der Bittergurke scheinen im Körper ein Enzym zu aktivieren, das den Stoffwechsel reguliert und zur Glukoseaufnahme befähigt. Bittergurken sind eine gute Quelle für B-Vitamine, Eisen, Kalzium und Beta-Carotin. Mit gelben Mungbohnen, frischen Curryblättern und Kartoffeln wirkt diese ostasiatisch anmutende Suppe heilend und entgiftend. Bittergurken erhalten Sie im asiatischen Lebensmittelhandel.

Für 4–6 Personen
½ TL Fenchelsamen
¼ TL Selleriesamen
1 Prise Bockshornklee
1 EL Kokosnussöl
1,5 cm frischer Ingwer, fein gehackt
1 mittelgroße rote Zwiebel, gehackt
½ TL gemahlenes Kurkuma
2 Bittergurken, in Ringe geschnitten, Samen und weiße Wachshaut entfernt
2 mittelgroße Tomaten, gewürfelt
10 Curryblätter
1 Lorbeerblatt
1 EL Tamarindenpaste
Himalayasalz
1 Becher getrocknete gelbe Mungbohnen, gewaschen
1 l kochendes gefiltertes Wasser

+ Fenchelsamen, Selleriesamen und Bockshornklee in einem kleinen Topf einige Minuten trocken rösten, bis sie tanzen und zu duften beginnen.
+ Das Öl bei mittlerer Hitze in einem Suppentopf erhitzen und Ingwer und Zwiebel hineingeben. Dann Kurkuma und geröstete Samen hinzufügen und braten, bis die Zwiebel glasig ist.
+ Bittergurken, Tomaten, Curryblätter, Lorbeerblatt, Tamarindenpaste und Salz dazugeben und gründlich verrühren.
+ Die Mungbohnen hinzufügen, mit Filterwasser übergießen und bei mittlerer Hitze 25–30 Minuten kochen, bis die Mungbohnen weich sind, aber nicht zerfallen.
+ Die Suppe abschmecken. Die Konsistenz sollte eher dickflüssig sein.
+ Lorbeerblatt und Curryblätter vor dem Servieren herausnehmen.

BRÜHEN

HEILENDE GEMÜSEBRÜHE ODER DU GIBST MIR KRAFT-BRÜHE

Diese Brühe war Liebe auf den ersten Löffel – und die Zuneigung wuchs mit jedem bisschen, das ich über ihre krebsbekämpfende Wirkung erfuhr. Alle ihre Zutaten sind wahre Gesundheits-Superhelden. Zusammen werden sie zu einem leichten, herzhaften und sättigenden Zaubertrank. Ich trinke sie gerne mit etwas Cayennepfeffer bestreut aus der Teetasse oder serviere sie mit viel eingelegtem Gemüse und frischen Kräutern, wie Petersilie, Koriander oder Basilikum.

Für 8 Personen

5 getrocknete Shiitake, gewaschen
2 l Mineralwasser
je ½ Bund Grünkohlblätter, Blattkohl, Mangold und Senfkohl
½ kleiner Weißkohl, grob gehackt
½ Fenchelknolle
½ mittelgroße Zwiebel
2 Karotten, geschält und gehackt
2 Pak Choi, halbiert
7,5 cm Daikon-Rettich
3 Knoblauchzehen, zerstoßen
2,5–4 cm frischer Ingwer
½ Nashi-Birne
1 Handvoll frisches Koriandergrün
3 Zweige frischer Thymian
1 Handvoll frische Petersilie
Himalayasalz

+ Die Shiitake mit kochendem Wasser übergießen und 30 Minuten quellen lassen, dann abseihen und die Einweichflüssigkeit auffangen.
+ Pilzwasser und Mineralwasser in einem großen Topf bei mittlerer Hitze aufkochen.
+ Alle Zutaten bis auf die frischen Kräuter und Salz ins Wasser geben. Falls nötig, weiteres Wasser zugeben, damit die Gemüse bedeckt sind. Zugedeckt 2 Stunden köcheln lassen.
+ Die Temperatur reduzieren, Koriander, Thymian und Petersilie hineingeben und 15 Minuten ziehen lassen.
+ Die Suppe abseihen und im Sieb die Flüssigkeit aus den Festbestandteilen herausdrücken.
+ Die Brühe mit Salz würzen.
+ Mindestens 1 Stunde abkühlen und ziehen lassen.

PHO SHO

In Pho habe ich mich auf meiner Reise durch Vietnam verliebt. Das Zusammenspiel verschiedener Aromen und Texturen in dieser traditionellen vietnamesischen Suppe machte mich sofort zum Fan. Dann testete ich sie in sämtlichen vietnamesischen Restaurants von Los Angeles, und überall schmeckte sie anders, mal salzig, mal süß, und häufig enthielt sie Fleisch. Ich musste das geliebte Aroma aus Hanoi also selbst nachkochen. Das Ergebnis schmeckt nicht nur exotisch, sondern bekämpft auch Viren, stärkt das Immunsystem und senkt den Cholesterinwert. Ist eine Erkältung im Anmarsch oder fühle ich mich nicht gut, hilft sie mir sofort. Der Asant (auch Asafoetida genannt) macht die Brühe zu etwas ganz Besonderem. Er ist eines der besten verdauungsfördernden Mittel, reguliert den Blutzuckerspiegel, befreit die Bronchien und schützt gegen Krebs.

Für 8 Personen

10 getrocknete Shiitake, gewaschen
1 mittelgroße Speisezwiebel, halbiert
1 großes Stück frischer Ingwer, zerstoßen
½ Knoblauchknolle
4 Karotten, gebürstet und grob gehackt
6 Gewürznelken
2 l Mineralwasser
1 Nashi-Birne
5 cm Daikon-Rettich
1 Stange Lauch, weißer und grüner Teil
5 Sternanis

1 Zimtstange
1 TL Koriandersamen
65 ml Tamari-Sojasauce
1 TL Asant

Zum Garnieren
1 Handvoll frische Thai-Basilikumblätter
½ Becher Bohnensprossen
1 Bird's-Eye-Chilischote, in Ringe geschnitten
frisch gepresster Limettensaft

+ Die Shiitake mit kochendem Wasser übergießen und mindestens 30 Minuten quellen lassen. Abseihen und das Einweichwasser auffangen.
+ Den Backofengrill vorheizen. Ein Backblech mit Alufolie auslegen und Zwiebel, Ingwer, Knoblauch und Karotten darauflegen. 5 Minuten unter dem Grill rösten, bis sie schwarz werden. Abkühlen lassen und die verkohlten Stellen entfernen.
+ Die Zwiebel schälen und mit den Gewürznelken spicken.
+ Pilzwasser und Mineralwasser in einem Suppentopf zum Kochen bringen.
+ Die gerösteten Zutaten, Nashi-Birne, Daikon und Lauch in das Wasser geben.
+ Bei mittlerer bis schwacher Hitze 2 Stunden köcheln lassen.
+ Währenddessen Sternanis, Zimt und Koriandersamen in einem kleinen Topf bei mittlerer Hitze trocken rösten.

+ Geröstete Gewürze zusammen mit Tamari-Sojasauce und Asant in die Suppe geben und weitere 30 Minuten köcheln lassen.
+ Die Suppe abseihen, die Brühe auffangen, die Festbestandteile bis auf die Pilze wegwerfen.
+ Die Pilze in dünne Streifen schneiden.
+ Die Brühe mit den Pilzstreifen, frischem Basilikum, Bohnensprossen, Chili und einem Spritzer Limettensaft garniert servieren.

REINIGENDE ZITRONENGRASBRÜHE

Mit dieser Brühe kann man die reinigende Kraft von Zitronengras auf neue Art genießen. Wer noch nie mit Zitronengras gekocht hat, wird sein zitronenartiges, komplexes und erfrischendes Aroma lieben, das in Kombination mit Galgant, Kaffir-Limettenblättern und Shiitake besonders gut zur Geltung kommt – die reinste Aromenexplosion! Aber auch die Wirkung der Brühe hat es in sich: Sie wirkt basisch und entzündungshemmend, reinigt und erfrischt.

Für 8 Personen

2 getrocknete Shiitake, gewaschen
2 l Mineralwasser
4 Becher grob gehackter Weißkohl
1 Gemüsezwiebel, geviertelt
6 frische Shiitake
1 Fenchelknolle
5 große Zitronengrasstengel, in 10 cm lange Stücke geschnitten, halbiert und flach geklopft
1 große Knoblauchknolle, längs halbiert
1 Bund frisches Koriandergrün mit Wurzeln
1 großes Stück Ingwer, zerstoßen
4 Kaffir-Limettenblätter, durchgerissen
1–2 Bird's-Eye-Chilischoten
½ Becher frische Thai-Basilikumblätter
½ Becher frische Minzeblätter
Himalayasalz

+ Die Shiitake mit kochendem Wasser übergießen und mindestens 30 Minuten quellen lassen. Dann abseihen und das Einweichwasser auffangen.
+ Pilzwasser und Mineralwasser in einen großen Topf geben und zum Kochen bringen.
+ Alle Zutaten bis auf Thai-Basilikum, Minze und Salz in den Topf geben und 2 Stunden köcheln lassen.
+ Den Herd abschalten, übrige Kräuter in den Topf geben und die Suppe 15 Minuten ziehen lassen.
+ Die Suppe abseihen, die Brühe auffangen und im Sieb die Flüssigkeit aus den Festbestandteilen drücken.
+ Die Brühe mit Salz abschmecken.
+ Vor dem Servieren mindestens 1 Stunde abkühlen und ziehen lassen.

KURZ NOTIERT*

Fein gehobelte, grüne Papaya (ebenfalls ein Grundpfeiler der Thai-Küche) und eine Extraportion Thai-Basilikumblätter als Garnitur geben der Brühe Biss und machen sie noch gesünder.

KOKOS-GALGANT-BRÜHE

Diese cremige Brühe hat es in sich, und als ich sie zum ersten Mal kochte, habe ich einen Freudentanz aufgeführt, so genial schmeckte sie. Sie besticht durch ihre typischen Thai-Aromen, die sich harmonisch ergänzen, statt sich gegenseitig zu übertrumpfen. Der Kontrast zwischen dem zarten Aroma des Thai-Ingwers und dem kräftigen Geschmack von Kokosnussmilch und Limettensaft macht süchtig und ist außerdem sehr gesund.

Für 8 Personen

500 ml Kokosnussmilch (light, falls erhältlich)

7 Scheiben junger Thai-Ingwer

3 Stengel Zitronengras, in 1,5 cm lange Stücke geschnitten und flach geklopft

1 mittelgroße Süßkartoffel, geschält

4 Kaffir-Limettenblätter, durchgerissen

1 ¼ l Mineralwasser

1 EL Himalayasalz

2 ½ TL frisch gepresster Limettensaft

frische Korianderzweige zum Garnieren

+ Die Kokosnussmilch bei mittlerer Hitze in einem Suppentopf erhitzen und zum Kochen bringen.

+ Sobald sie kocht, Thai-Ingwer, Zitronengras, Süßkartoffel und Kaffir-Limettenblätter hineingeben.

+ Die Temperatur reduzieren, Mineralwasser langsam hinzugießen, den Topf zudecken und alles 1 Stunde köcheln lassen.

+ Die Suppe vom Herd nehmen und 20 Minuten ziehen lassen.

+ Die Suppe abseihen, die Brühe auffangen und mit Salz und Limettensaft abschmecken.

+ Mit Korianderzweigen garnieren und heiß servieren.

KURZ NOTIERT*

Für eine cremigere Brühe einfach vor der Zugabe des Mineralwassers 180 ml Kokosnussmilch zusätzlich in die Suppe einrühren.

MAGISCHE GELBWURZBRÜHE

Ich verwende Kurkuma (Gelbwurz) für alles und musste daraus natürlich irgendwann eine eigene Brühe kreieren. Warum auch nicht? Kurkuma ist das reinste Wundermittel! Im Ayurveda wird die Gelbwurz als Symbol für Reichtum verehrt und zur Reinigung des Körpers verschrieben. Sie heilt den Darm, lindert Fieber, Infektionen und Arthritis und ist eins der besten Mittel zur Vorbeugung. Kombiniert mit gesundem Kokosnussöl, krebsbekämpfendem Knoblauch und reinigendem Ingwer, ergibt sie: die reinste Magie.

Für 8 Personen

4 mittelgroße Karotten, gebürstet und längs in Scheiben geschnitten
4 frische Zweige Thymian
natives Olivenöl extra zum Rösten
Himalayasalz
2 EL Kokosnussöl
1 Schalotte, gehackt
3 Knoblauchzehen
1 daumengroßes Stück frischer Ingwer, geschält und fein gehackt
2 TL gemahlenes Kurkuma
4 Safranfäden
2 l Mineralwasser
Saft von ½ Zitrone
frisch gemahlener schwarzer Pfeffer
frischer Thymian, Sprossen oder Sesamsamen zum Garnieren

+ Den Backofen auf 190 °C vorheizen.

+ Die Karotten auf ein Backblech legen, mit der Hälfte des Thymians durchheben, mit Olivenöl beträufeln und salzen. 20 Minuten im Backofen rösten, bis sie weich und leicht gebräunt sind.

+ Das Kokosnussöl bei mittlerer bis schwacher Hitze im Suppentopf erhitzen und die Schalotte darin 3 Minuten glasig braten.

+ Knoblauch, Ingwer und den restlichen Thymian hinzufügen und rühren, bis alles zu duften beginnt, dann Kurkuma einrühren.

+ Etwa 3 Minuten weiterrühren, bis eine Paste entsteht. Falls sie zu trocken ist, noch etwas Kokosnussöl zugeben.

+ Geröstete Karotten und Safran hinzugeben, dann das Wasser einrühren und die Suppe etwa 2 Stunden sanft köcheln lassen.

+ Die Suppe vom Herd nehmen und mindestens 1 Stunde ziehen lassen.

+ Den Zitronensaft einrühren und mit Salz und Pfeffer abschmecken.

+ Die Suppe abseihen und die Brühe auffangen.

+ Mit frischem Thymian, Sprossen oder Sesamsamen garnieren.

WÜNSCH DIR KWAS!

Dies ist ein altes Familienrezept. Kwas hat in Russland lange Tradition, und ich wette, Sie werden kaum einen Russen finden, der nichts über die Heilkräfte dieses Trunks zu berichten wüsste. Meine Großmutter nahm ihn gegen hohen Blutdruck und Herzbeschwerden und schwor darauf. Vergorener Rote-Bete-Saft ist in Sachen Gesundheit das reinste Wundermittel. Er steckt voller Antioxidantien, ist reich an Carotinen und Nitraten und enthält vor allem eine Vorstufe des Glutathion, der Schlüsselstoff zur Entgiftung der Leber und der Ausleitung schädlicher Stoffe aus dem Körper. Sie werden sehen, Rote-Bete-Kwas ist einfach herzustellen. Ich habe ihn als schnelles Probiotikum immer im Haus.

Für 4 Personen

4 kleine Rote Beten, gewaschen, gebürstet, geputzt und gewürfelt

3 Knoblauchzehen

2 EL Himalayasalz

¼ TL Senfsaat

¼ TL Dillsamen

Mineralwasser oder gefiltertes Wasser

ein paar Zweige frischer Dill (nach Wunsch)

+ Die Rote Bete in ein ca. 1 Liter fassendes Einmachglas geben.
+ Knoblauch, Salz, Senfsaat und Dillsamen hinzufügen.
+ Das Glas bis etwa 1,5 cm unterhalb des Rands mit Wasser auffüllen.
+ Nach Wunsch Dillzweige darauflegen.
+ Das Einmachglas verschließen und das Ganze bei Zimmertemperatur 2–3 Tage gären lassen. Die Einlegflüssigkeit täglich testen und sich an der Oberfläche bildenden Schaum abschöpfen.
+ Schmeckt die Flüssigkeit kräftig, den Trunk abseihen und im Kühlschrank lagern. Der Trunk kann in kaltem Borschtsch verwendet werden, die Rote Bete in Salaten und als Snack.

LASS UNS INDISCH DATTELN

Haben Sie schon einmal Tamarinde probiert, diese in Indien, Indonesien und Thailand beliebte, säuerliche, bohnenähnliche Hülsenfrucht? Auch Indische Dattel genannt, ist sie seit Jahrhunderten für ihre Heilkräfte berühmt, wird zu Suppen und Getränken verarbeitet und dient als Gewürz. Inspiriert wurde dieses Rezept von der südindischen Rasam, einer sauerscharfen Suppe voller exotischer Kräuter und Gewürze. Die Tamarinde wird im Ayurveda hoch geschätzt und hilft gegen Erkältung, Husten und Halsschmerzen. In Indien gilt die Suppe als Heilmittel gegen alle möglichen Beschwerden, weil sie erdet und die Sinne belebt. Rasam wird daher auch gerne als Digestif serviert.

Für 4–6 Personen
1 TL schwarze Pfefferkörner
1 TL Kreuzkümmelkörner
10 Curryblätter
2 Eiertomaten
1 l Mineralwasser plus etwas
Wasser zum Pürieren der
Tomaten
2 TL Tamarindenpaste
Himalayasalz
¼ TL gemahlenes Kurkuma
1 EL Kokosnussöl
¼ TL Senfsaat
¼ TL Bockshornklee
2 mittelgroße getrocknete rote
Chilischoten
frische Korianderblätter zum
Garnieren

+ Pfefferkörner, Kreuzkümmelkörner und Curryblätter im Mörser zermahlen.
+ Die Tomaten mit ein wenig Wasser pürieren.
+ Das Mineralwasser in einem Suppentopf zum Kochen bringen, die Tamarindenpaste einrühren und die Temperatur reduzieren, bis das Wasser nur noch köchelt.
+ Tomatenpüree, Salz, zermahlene Gewürze und Kurkuma einrühren und den Sud etwa 10 Minuten köcheln lassen.
+ In einem zweiten Topf das Öl erhitzen und die Senfsaat darin rösten, bis sie poppt. Bockshornklee und Chilis hineingeben und etwa 2 Minuten rösten, bis sie zu duften beginnen.
+ Die Chilimischung in die Suppe rühren und dann abschmecken.
+ Die Brühe mit frischen Korianderblättern garnieren.

KURZ NOTIERT*

Tamarindenpaste bekommen Sie in gut sortierten Supermärkten, Bioläden und im asiatischen Lebensmittelhandel.

REJUVELAC

Dieser vergorene Quinoa-Trunk ist reich an Vitaminen E, K sowie der B-Gruppe und außerdem hervorragend für die Darmflora. Zwischen den Mahlzeiten getrunken, verleiht er Energie und regt die Verdauung an.

1 Becher Quinoa (am besten Quinoa für Sprossen)
750 ml gefiltertes oder gereinigtes Wasser, plus extra Wasser zum Vergären

+ Die Quinoa in ein 4 Liter fassendes Einmachglas geben und das Glas bis 1,5 cm unterhalb des Rands mit Wasser auffüllen. Das Glas abdecken und über Nacht stehen lassen.

+ Das Wasser abseihen, die Quinoa zwei- bis dreimal unter lauwarmem Wasser abspülen und gründlich abtropfen lassen.

+ Die Quinoa zurück ins Glas geben und 6–8 Stunden dunkel stellen. Sobald sich kleine Sprossen bilden, ist die Quinoa fertig.

+ Das Glas mit gefiltertem oder gereinigtem Wasser auffüllen und bei Zimmertemperatur 2 Tage gären lassen.

+ Der Rejuvelac sollte eine gelbe Färbung haben und bitter und sauer, aber nicht wie Sauermilch schmecken.

+ Den Trunk abseihen. Er ist im Kühlschrank bis zu 1 Woche haltbar.

ROHE
SUPPEN

DAS HAT HANF UND FUSS

Inspiration für diese Suppe bot das Rezept meiner Mutter für Kalte Russische Suppe. Traditionell wird sie mit Kefir und Fleisch zubereitet, frischer und nährstoffreicher ist sie aber in der rohen und veganen Version. Hanfmilch, Apfelessig und Zitronensaft helfen, Fette aufzuspalten, und senken den Blutzuckerspiegel. Das Apfelpektin unterstützt den Körper beim Ausscheiden von Schwermetallen und radioaktiven Rückständen. Die Omega-3-Fettsäuren im Hanf fördern die Gehirnfunktion, und das antioxidativ wirkende Vitamin E sorgt für strahlenden Teint. Die Suppe gibt Energie und stärkt das Immunsystem.

Für 4 Personen

1 l Hanfmilch (Trinkhanf)
2 EL Apfelessig (nach Möglichkeit unpasteurisiert)
1 TL Himalayasalz
2 mittelgroße Avocados, geschält, entsteint und gewürfelt
3 Mini-Gurken, längs halbiert und in Scheiben geschnitten
5 Radieschen, längs halbiert und in Scheiben geschnitten
½ Becher frischer gehackter Dill
½ Bund Frühlingszwiebeln, in Ringe geschnitten
2 EL frisch gepresster Zitronensaft
frisch gemahlener schwarzer Pfeffer (nach Wunsch)

+ Hanfmilch, Apfelessig und Salz in einer großen Schüssel vermengen.
+ Die Hälfte der Avocadowürfel hineingeben. Dann alles in den Vitamix geben und pürieren.
+ Das Püree wieder in die Schüssel geben und Gemüse, Dill, Frühlingszwiebeln und restliche Avocadowürfel hinzufügen. Den Zitronensaft einrühren.
+ Die Suppe mit Salz, Zitronensaft, Apfelessig und nach Wunsch mit schwarzem Pfeffer abschmecken.
+ Die Suppe in den Kühlschrank stellen und kalt servieren.

BIS AUF DIE LETZTEN KÜRBISSEN

Ich liebe die vielfältigen Zubereitungsmöglichkeiten für Kürbis. Früher waren Kürbisse für mich lediglich Halloween-Dekoration, aber je mehr ich mit ihnen experimentiere, desto verrückter werde ich danach. Diese Suppe ist ganz einfach zuzubereiten und reich an B-Vitaminen und Beta-Carotin. In China gilt der Gartenkürbis als starkes Mittel zur Krebsprävention. Er lindert aber auch Ekzeme, reguliert den Blutzuckerspiegel und ist gut für die Bauchspeicheldrüse. Durch die Kombination mit Knoblauch und Ingwer hilft er, Toxine auszuscheiden.

Für 4 Personen

½ mittelgroßer Gartenkürbis, geschält, entkernt und in Würfel geschnitten
½ Becher Kürbiskerne
2 EL frischer gehackter Dill
1 ½ TL Himalayasalz
1 Knoblauchzehe
1,5 cm frischer Ingwer, geschält
1 TL Currypulver
500 ml Mineralwasser
frischer Dill, Kürbiskerne oder Sonnenblumenkerne zum Garnieren

+ Alle Zutaten bis auf die Garnitur in den Vitamix geben und glatt und luftig pürieren.
+ Die Suppe mit Salz und Gewürzen abschmecken und, falls sie zu dickflüssig ist, etwas Wasser einrühren.
+ Mit Dill, Kürbis- oder Sonnenblumenkernen garnieren.

KURZ NOTIERT*

Sie können die Suppe bis auf 43 °C erhitzen, ohne dass die Enzyme zerstört werden.
Hat der große Gartenkürbis gerade keine Saison, kann er durch den ebenso köstlichen Butternut-Kürbis ersetzt werden. Und wenn ich milderes Aroma möchte, verwende ich statt Currypulver gerne Kurkuma.

MEIN THAI-GAZPACHO!

Und noch eine Thai-Suppe – ich habe Sie gewarnt, dass ich die Thai-Küche vergöttere. Sie ist aber nicht nur lecker, sondern auch extrem gesund – jeder Löffel sozusagen ein Verwöhnmoment. Kalte Suppen esse ich nur hin und wieder, da ich eher die behagliche Wärme heißer Suppen liebe. Wenn aber schon kalte Suppe, dann bitte voll mit Aromen. Dies ist kein traditionelles Thai-Rezept, sondern meine Fusion-Version einer Thai-Suppe.

Für 4 Personen
3 Salatgurken, geschält und
gehackt
4 Frühlingszwiebeln, in Ringe
geschnitten
2 Knoblauchzehen, zerdrückt
oder fein gehackt
1 Bird's-Eye-Chilischote,
in Ringe geschnitten
250 ml gekühltes Mineral-
wasser
3 Zweige frischer Koriander
1 EL salzarme Tamari-Sojasauce
2 EL Reisessig
1 TL Sesamöl
Saft von 1 Limette

+ Gurken, Frühlingszwiebeln, Knoblauch, die Hälfte der
  Chili und das Wasser in den Vitamix geben.
+ Glatt pürieren und bei laufendem Motor langsam die
  restlichen Zutaten hinzufügen. Alles gründlich glatt
  pürieren.
+ Die Suppe abschmecken und falls nötig nachsalzen.
+ In den Kühlschrank stellen und kalt servieren.

DIR REICHT KEINER
DAS WASSER-MELONE

Wenn Sie diese Suppe probieren, werden Sie Wassermelonenschale nie mehr wegwerfen. Ich hebe meine inzwischen immer auf! Ihre hell rosafarbenen und grünen Teile enthalten die Aminosäure Citrullin, die für den Harnstoffwechsel wichtig ist, da sie Stickstoff aus dem Blut bindet, so dass er mit dem Urin ausgeschieden werden kann. Sie wirkt so stark antioxidativ sowie bei Herz-Kreislauf-Erkrankungen, dass die Forschung in Erwägung zieht, ein Nahrungsergänzungsmittel aus Wassermelonenschale herzustellen. Und solange die Wissenschaftler noch daran tüfteln, genießen wir einfach diesen herrlich erfrischenden Wassermelonen-Gazpacho.

Für 4–6 Personen

1 Becher locker geschichtete frische Minzeblätter oder Minze und Petersilie gemischt
1 Stengel Staudensellerie, in Stücke geschnitten
1 Knoblauchzehe
1 Dutzend Cocktailtomaten
2 EL natives Olivenöl extra
4 Mini-Gurken, in Stücke geschnitten
4 Becher gewürfelte Wassermelonenschale (rosafarbene und grüne Teile, die harte Außenschale abschneiden)
1 EL Apfelessig
1 EL Himalayasalz

+ Minze, Sellerie, Knoblauch, Tomaten und Olivenöl in den Vitamix geben und glatt pürieren. Das Püree in eine große Schüssel füllen.
+ Portionsweise Gurken, Melonenschale, Apfelessig und Salz im Vitamix ganz nach Wunsch eher stückig oder glatt pürieren.
+ Gründlich in das zuerst zubereitete Püree einrühren und mit Salz und Apfelessig abschmecken.
+ Die Suppe mindestens 2 Stunden kühlen. Vor dem Servieren, falls nötig, nochmals mit Salz abschmecken.

ALLES GUTE KOMMT
VON AVOCADO

Oh, ich liebe Avocados! Ihr samtiges Fruchtfleisch ist so köstlich und gesund, dass man von diesem magischen Superfood einfach nicht genug essen kann. Diese Suppe belebt, erfrischt und wirkt basisch auf den Körper. Sie unterstützt bei der Prävention von Brust- sowie Mund- und Rachenkrebs, ist gut für Augen und Herz, verbessert die Nährstoffaufnahme und ist darüber hinaus eine hervorragende Quelle für Glutathion und Vitamin E. Am besten genießen Sie diesen Alleskönner als Frühstück, Mittagessen oder Snack.

Für 4 Personen
2 mittelgroße Avocados, geschält und entsteint
4 Mini-Gurken, grob gehackt
2 Knoblauchzehen
1 Zucchini, grob gehackt
¼–½ Becher frische Korianderblätter
750 ml Mineralwasser
Saft von 1 Limette
1 TL Himalayasalz
Daikon-Rettich (ersatzweise
auch geschälter violetter
Winterrettich), in dünne
Scheiben geschnitten,
zum Garnieren

+ Alle Zutaten bis auf den Rettich in den Vitamix geben und bis zur gewünschten Konsistenz pürieren.
+ Die Suppe mit Salz und Limettensaft abschmecken.
+ In eine Glasschüssel geben und im Kühlschrank kalt stellen.
+ Die Suppe mit Rettichscheiben garnieren und kalt servieren.

DU BIST EIN MACHO, GAZPACHO!

Ich bin ein Fan von gutem Gazpacho. Er erinnert mich an meine Sommer in Italien und Spanien, wo ein Teller Gazpacho häufig den gesunden Auftakt zu einer Mahlzeit bildet. Wie der Wassermelonen-Gazpacho ist diese Tomatenversion perfekt für heiße Sommertage – wie ein Salat in flüssiger Form. Sie ist schnell zubereitet und wirkt so stark antioxidativ, dass sie sogar Stress beseitigt. Ich mag mein Gazpacho grob und mit Stücken, so, wie ich ihn in Barcelona gegessen habe.

Für 4–6 Personen

250 ml frisch gepresster
Tomatensaft
6 reife Tomaten, gehackt,
Saft aufgefangen
2 Mini-Gurken, gehackt
2 Knoblauchzehen, fein gehackt
1 Stange Staudensellerie
½ rote Zwiebel, gehackt
1 rote Paprika, entkernt und
gehackt
½–1 Jalapeño-Chilischote
2 EL Apfelessig
1 ½ TL natives Olivenöl extra
Himalayasalz und frisch gemahlener schwarzer Pfeffer
Rettichsprossen zum Garnieren

+ Tomatensaft, gehackte Tomaten mit Saft, Gurken, Knoblauch, Sellerie, Zwiebel, Paprika, Chilischote und Apfelessig in den Vitamix geben und bis zur gewünschten Konsistenz pürieren. Alternativ mit einem Stabmixer pürieren.
+ Das Olivenöl einrühren, die Suppe mit Salz und Pfeffer abschmecken und in den Kühlschrank stellen.
+ Kalt und mit Rettichsprossen garniert servieren.

MIT MINZE GRINST DU!

Diese Suppe schmeckt eher nach einem Snack oder Muntermacher für zwischendurch. Das bedeutet aber nicht, dass keine Super-Suppenkräfte in ihr stecken! Gurken beseitigen Flüssigkeitsmangel im Körper und helfen beim Ausscheiden von Toxinen. Zudem liefern sie uns fast unseren gesamten Tagesbedarf an Vitaminen, vor allem aus der B-Gruppe. Ich mag Mini-Gurken wegen ihrer zarten Schale, die voller Vitamin C steckt – daher schäle ich sie nie. Ihre Superkräfte stecken vor allem in den in ihnen enthaltenen Lignanen (Lariciresinol, Pinoresinol und Secoisolariciresinol), deren Wirksamkeit gegen Krebsarten wie Brust-, Eierstock-, Gebärmutter- und Prostatakrebs bekannt ist. Gepaart mit Minze ist Gurke ein guter Atemerfrischer und stimuliert das Haarwachstum. Die Sesamsamen liefern Proteine, und der Lauch gibt Biss. Lecker!

Für 4–6 Personen

5 Mini-Gurken (3 gesaftet, 2 gehackt)
¼ Stange Lauch, gehackt
2 EL Sesamsamen, eingeweicht
2 EL Sonnenblumenkerne, eingeweicht
¼ Becher frische Minzeblätter plus ein paar Blätter zum Garnieren
Himalayasalz

+ Gurkensaft und -stücke, Lauch, eingeweichte Samen und Kerne, Minze und Salz nach Geschmack in den Vitamix geben.
+ Alle Zutaten glatt pürieren.
+ Die Suppe gut kühlen. Mit frischer Minze garniert kalt servieren.

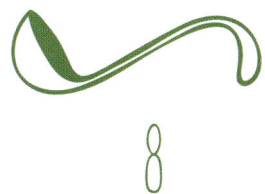

8

ICH HABE DEN DETOX ABGESCHLOSSEN, WAS NUN?

Herzlichen Glückwunsch, Sie haben es geschafft. Wie fühlen Sie sich als Super-Suppenheld/-in? Ich weiß, dass Sie jetzt stolz und voller Energie sind. Wahrscheinlich haben Sie auch etwas abgenommen, Ihr Teint schimmert, Ihre Haare glänzen, und Ihre Stimmung ist gut. Sie haben gelernt, auf Ihren Körper zu hören und seine Signale zu verstehen. Aber vor allem haben Sie Bedingungen geschaffen, unter denen Ihr Körper Viren und Bakterien abwehren und gesund bleiben kann.

Vermutlich wollen Sie Ihre früheren Lebens- und Essgewohnheiten auch nicht zurück. »Aber kann man denn ewig nur von Suppe leben?«, fragen Sie sich. Also, meiner Erfahrung nach schafft es jeder, eine Entgiftung zu machen, worauf es aber ankommt, ist, was danach kommt. Der Suppen-Detox, den Sie gerade hinter sich haben, soll ja nur der Einstieg in einen neuen, ausgewogeneren Lebensstil mit gesünderen Essgewohnheiten sein. Dies ist Ihre Gelegenheit, nutzen Sie sie!

Das sage ich nicht nur, ich habe es selbst erfahren! Als ich mich nach meiner ersten Entgiftung besser fühlte, dachte ich auch, ich könnte doch weiterhin wenigstens ein bisschen von den Dingen essen, auf die ich während des Detox verzichtet hatte, weil sie nicht gut für mich sind. Ist nicht eigentlich alles gut, solange es in Maßen genossen wird? Ich habe ja schon verraten, wie sehr ich Weißbrot liebe, also meinte ich, eine oder zwei Scheiben mit einem tollen Salat wären in Ordnung. Was hatte ich mir nur dabei gedacht? Am nächsten Morgen wachte ich schlapp auf und sehnte mich nach Kaffee. Den ganzen Tag über fühlte ich mich energielos und musste ständig an Brot denken.

Wenn Sie bewahren wollen, was Sie erreicht haben, denken Sie rechtzeitig über die Zeit nach dem Detox nach. Machen Sie sich klar, dass es keine Patentlösung gibt, die für jeden passt. Dies ist Ihre Reise, und Sie wissen, was für Sie am besten ist! Manchmal braucht man nur einen kleinen Schubser, um zu beginnen.

Die Entgiftung fortsetzen

Klopfen Sie sich ruhig mal auf die Schulter, Sie haben es sich verdient! Das war ein toller Einstieg. Aber wenn Sie es mit der Entgiftung ernst meinen, sollten Sie mindestens drei Wochen weitermachen, und wenn Sie gegen eine Gesundheitsgefährdung kämpfen, dehnen Sie den Detox am besten auf drei oder vier Monate aus. Sie müssen nicht die ganze Zeit nur von Suppe leben, sollten sie aber unbedingt in Ihre alltägliche Ernährung einbauen. Ergänzen Sie sie mit frisch zubereiteten Salaten aus frischem und eingelegtem Gemüse, Hülsenfrüchten, Sprossen und Vollkornprodukten wie Quinoa, Vollkorn- oder roter Naturreis, Buchweizen oder Kamut. Essen Sie Obst und Beeren als Snacks, aber nicht als Nachtisch.

Der Körper benötigt etwa vier Monate, um alle roten Blutkörperchen zu erneuern. Weiße Blutkörperchen erneuern sich häufiger – innerhalb von wenigen Stunden bis ein paar Tagen. Bei Thrombozyten dauert es rund zehn Tage. Wenn Sie also diesem Plan folgen und erst entgiften und sich dann mindesten vier Monate vegan ernähren und dabei täglich Suppe essen, sind alle neu gebildeten Blutzellen in Ihrem Körper gesund.

Wenn Sie weitermachen, sollten Sie abwechslungsreich kochen, um nicht zu viel Gewicht zu verlieren. Bevor Sie zu stark abnehmen, können Sie die Ölmenge in den Rezepten bis auf die doppelte Menge erhöhen.

Die Entgiftung beenden

Um all das Positive aus Ihrem Detox mitzunehmen, sollten Sie auf jeden Fall eine sanfte Übergangsphase planen. Meine Hochachtung, wenn Sie sich nach dem Detox weiter vegan ernähren. Begeisterte Fleischesser sollten ihrem Körper ein wenig Zeit geben, bevor sie wieder zu tierischen Produkten greifen. Bei jedem Lebensmittel, das Sie wieder in Ihre Ernährung aufnehmen, sollten Sie sich die folgenden Fragen stellen und sie ehrlich in Ihrem Essens-Tagebuch beantworten. Auf diese Weise lassen sich schon nach einer Woche oftmals aufschlussreiche Muster erkennen.

+ Wie fühle ich mich nach dem Essen?
+ Was passiert sofort? Läuft meine Nase, verschleimt mein Rachen (z. B. immer dann, wenn ich Käse oder andere Milchprodukte zu mir nehme)?
+ Fühle ich mich nach dem Essen oder am nächsten Morgen müde (z. B. wenn ich Wein trinke oder Gebackenes esse)?
+ Wie ist mein Stuhl?
+ Habe ich gut geschlafen?
+ Wie viel Energie habe ich?
+ Was macht meine Haut? Habe ich Pickel, Rötungen, trockene Stellen, oder wirkt sie stumpf?
+ Sind meine Nägel fest? Glänzt mein Haar?
+ Habe ich am nächsten Tag schlechte Laune? Fühle ich mich unwohl?
+ Habe ich Kopfschmerzen?

Als ich begann, mir diese Fragen zu stellen, begriff ich schnell, dass alles davon abhängt, was ich esse und wie ich meinen Körper behandle. Heute kenne ich meinen Körper so gut, dass ich meist sofort erkenne, ob mir etwas guttut. Ich kann nach wie vor kaum glauben, in welchem Ausmaß wir unser tägliches Wohlbefinden steuern können. Wenn wir wirklich darauf achten, was wir essen und was dieses Essen mit uns macht, können wir unsere Selbstheilungskräfte aktivieren. Daher muss ich Sie – obwohl ich weiß, dass Sie inzwischen selbst suppengescheit sind – doch warnen:

+ Meiden Sie Fastfood, Fertiggerichte und Frittiertes. Das gilt besonders, wenn Sie vorher tagelang nur Gemüse, Kräuter und Hülsenfrüchte gegessen haben.
+ Verzichten Sie mindestens noch eine Woche lang auf tierisches Eiweiß und führen Sie es dann erst langsam wieder ein – ein- oder zweimal die Woche. Sonst heben Sie den Entgiftungseffekt völlig auf und fühlen sich aufgebläht.
+ Bleiben Sie dran! Inzwischen haben Sie Ihre Heißhungerphase wahrscheinlich hinter sich. Sollten Sie sich jedoch noch nicht vollständig an vollwertiges Essen gewöhnt haben, vermissen Sie vermutlich ein paar Dinge. Wenn Sie Angst haben, dass Sie schwach werden könnten, denken Sie sich für kritische Momente einen Notfallplan aus, der Ihnen hilft.
ı Machen Sie sich nichts vor: Milchprodukte tun uns nicht gut! Sie machen müde und energielos und lassen die Haut rissig werden. Und Sie haben gerade festgestellt, dass Ihr Körper gar nicht so viel braucht, wie Sie dachten, und Sie sich besser fühlen, wenn Sie sich von vollwertigen Suppen ernähren.
+ Essen Sie weiterhin zum Frühstück und Abendessen Suppe. Achten Sie auf die Reaktion Ihres Körpers, wenn Sie andere Dinge wieder in Ihre Ernährung aufnehmen.
+ Essen Sie Obst (z. B. Beeren, Äpfel, Birnen, Pflaumen, Pfirsiche und Mandarinen), meiden Sie aber andere Formen von Zucker, auch Agavendicksaft, Ahornsirup und Stevia. Lassen Sie Erfrischungsgetränke, Alkohol, Kaffee, Bonbons, Süßigkeiten, Brot und vor allem Milchprodukte weg! Erstellen Sie Ihre eigene »Nicht essen«-Liste und ergänzen Sie sie je nach Ihren Erfahrungen. Seien Sie mit Snacks zurückhaltend. Knabbern Sie rohes oder eingelegtes Gemüse, Radieschen, gerösteten Seetang, Kohlchips oder Körner.
+ Essen Sie probiotisch wirksame Nahrungsmittel wie etwa Sauerkraut, Kimchi und Pickles, trinken Sie probiotische Getränke wie Kombucha, Kokos-Kefir, Kwas und Rejuvelac. Dies ist besonders nach dem Detox wichtig, um die Darmflora mit gesunden Bakterien wieder aufzubauen und die Verdauung zu fördern. Mehr dazu erfahren Sie in meinem Interview mit Dr. Gerard Mullin, einem Experten für Darmgesundheit.

Der saisonale Suppen-Detox

Der Suppen-Detox bietet die wunderbare Möglichkeit, mit den Jahreszeiten zu gehen und sich darauf einzustellen. Viele traditionelle Heilkundesysteme gehen davon aus, dass unser Körper am besten funktioniert, wenn wir der Natur und den Jahreszeiten folgen. Im Ayurveda und der TCM wird es als absolut notwendig erachtet, regelmäßig beim Wechsel der Jahreszeiten zu entgiften, um gesund zu bleiben.

Haben Sie schon einmal bemerkt, dass Sie im Winter häufiger erkältet sind, sich dafür aber im Frühjahr oft schlapp fühlen? Oder haben Sie je darüber nachgedacht, woher der Begriff »wetterfühlig« kommt? Wenn wir nicht an den jahreszeitlichen Veränderungen leiden wollen, müssen wir mit ihnen und uns selbst im Einklang bleiben. So können Zellen, Gewebe, Organe und Körperflüssigkeiten dafür sorgen, dass Giftstoffe ausgeschwemmt werden und sich nicht im Körper ansammeln und Schaden anrichten.

Schlussendlich bedeutet Entgiftung nur, dem Körper eine Ruhepause zu gönnen. Kochen ist eine Form der Selbstbelohnung und des sich Umhegens. Saisonal zu entgiften bedeutet nicht nur, Soupelina-Suppen zu essen, sondern Körper, Geist und Seele auf die jeweils kommende Jahreszeit einzustimmen. Wenn Sie nur einmal im Jahr entgiften möchten, tun Sie dies im Frühjahr, bei zwei Detox-Runden sind Frühjahr und Herbst am günstigsten.

Toxine aus Küche und Körper verbannen

Unser Körper benötigt Nährstoffe, so einfach ist das. Erzeugnisse, die mit Pestiziden, sonstigen Chemikalien, Wachstumshormonen, Gentechnik etc. behandelt wurden, sind einfach nicht in Ordnung. Aber selbst wenn für gentechnisch veränderte Lebensmittel nach EU-Recht Kennzeichnungspflicht besteht (sofern der Gentech-Anteil über 0,9 % liegt; und mit Ausnahmen), warum sollte ich mir beim Einkauf überhaupt Gedanken darüber machen müssen?

Untersuchungen aus den 1990er Jahren belegen, dass Bio-Produkte durchschnittlich doppelt so viele Mineralien enthalten wie konventionelle Produkte. 2014 fand eine Studie in Großbritannien zudem heraus, dass Bio-Obst- und -Gemüse mehr Antioxidantien und weniger Schwermetalle und Pestizide als nicht biologisch angebautes Obst und Gemüse enthalten. Und außerdem schmeckt bio meist besser.

Wenn Sie sichergehen wollen, bestmögliche Qualität zu bekommen, sollten Sie wo immer möglich auf saisonale Bio-Ware aus regionalem Anbau zurückgreifen. Das zeigte auch der Bericht »Zehn Jahre Ökomonitoring« des baden-württembergischen Verbraucherministeriums. Demnach sind hiesige Bio-Produkte nur äußerst selten mit giftigen Pflanzenschutzmitteln belastet. Mehr Vorsicht ist dagegen geboten bei Obst und Gemüse (auch aus Bio-Anbau) aus dem Ausland, vor allem aus Nicht-EU-Staaten, da dort meist niedrigere Standards in der Nahrungsmittelerzeugung gelten.

Der Einkauf

Ich habe es gut, denn ich lebe im sonnigen Kalifornien, wo an jedem Tag der Woche irgendwo ein Markt stattfindet. Aber ich wette, auch bei Ihnen in der Nähe gibt es mindestens einmal wöchentlich einen Markt. Gehen Sie hin! Das ist die beste Möglichkeit, sein Essen und sich selbst besser kennenzulernen.

Schauen Sie, was gerade Saison hat, und kaufen Sie dann die frischeste Ware von einem Bauern aus Ihrer Region. So entdecken Sie auch bestimmt spannende, neue Dinge und können außerdem so manches probieren. Man

entwickelt ein ganz anderes Verhältnis zu seinem Essen, wenn man dessen Erzeuger kennenlernt. Und zudem ist es preiswerter. Die Markthändler/Bauern helfen meist gerne bei der Auswahl der besten Gemüse, aromatischsten Tomaten und leckersten Kürbisse. Nebenbei können Sie erfahren, wo und wie die Ware angebaut wurde, wie sie schmeckt und was man alles Schönes daraus machen kann.

Ich besuche gerne den Markt in Santa Monica und den Studio City Farmers' Market ganz in meiner Nähe. Sie finden mich dort dreimal die Woche (sagen Sie ruhig hallo, wenn Sie mich sehen), und ich habe nie eine Einkaufsliste dabei! Meine Lieblingshändler wissen, was ich mag, und legen mir manchmal schon im Voraus etwas zurück. Ich unterhalte mich mit anderen Marktbesuchern, erkläre auch gern, warum ich etwas kaufe und was ich damit mache. Manchmal tausche ich auch mit anderen Rezepte und Telefonnummern aus. Erst letzte Woche traf ich beim Kauf von Zitronen eine nette Dame, die mir alle Früchte ihres Zitronenbaums anbot, als ich erzählte, dass ich sie in Suppen nutze. (Suppen bringen Menschen einander wirklich näher!) Durch die enge Beziehung zu den Menschen, die meine Zutaten anbauen, weiß ich die Dinge, die ich esse, auch mehr zu schätzen.

Je nachdem, wo man lebt, gibt es aber andere Möglichkeiten, vollwertige Nahrung zu kaufen, wie Bio-Supermärkte, Reformhäuser, Öko-Läden und kleinere, auf türkische, arabische, asiatische, russische oder nordafrikanische Lebensmittel spezialisierte Geschäfte. Aber auch größere internationale Ketten führen teilweise Bio Waren aus aller Welt. Schauen Sie sich einmal be wusst um, und Sie werden erstaunt sein, welche Schätze Sie finden. Aber am besten bleibt es, regionale Bio-Produkte zu verwenden.

Unterwegs essen

Suppe ist das perfekte Convenience Food. Sie macht satt, ist gesund und gut zu transportieren. Aber was passiert auf Reisen oder wenn es im Büro länger dauert? Ganz einfach! Kochen Sie vor und nehmen Sie sich Suppe mit – ganz besonders während dem Suppen-Detox. Haben Sie für Notfälle immer ein paar Suppenportionen in dem Tiefkühler. Wenn Sie sich dem Suppen-Leben ganz verschreiben wollen, ist ein kleiner Mixer, wie etwa der NutriBullet, für Reisen praktisch. Damit lassen sich überall rohe Suppen zaubern – schnell und mit nur wenig Vorbereitung. Ein weiterer Trick für Reisen ist Miso-Paste und getrocknete Wakame. Daraus können Sie selbst an Bord eines Flugzeugs schnell Miso-Suppe anrühren. Sie benötigen dazu nur heißes Wasser und einen Becher.

9

HÖREN SIE AUF IHREN BAUCH

Was Ihr Bauch Ihnen sagt

Wir sprechen alle gerne über unser »Bauchgefühl«, aber wie viel wissen wir wirklich über unseren Bauch? Wollen wir wirklich wissen, was sich darin abspielt? Müssen wir uns Sorgen machen?

Und jetzt alle zusammen bitte mal herhören! Alles hat mit dem Bauch zu tun! Wir haben nun so viel über unseren Körper gesprochen, dass es Zeit wird, uns seinem am stärksten vernachlässigten Teil zu widmen: dem Darm, denn er macht uns zu dem, was wir sind.

Jahrhundertelang haben wir den berühmtesten aller Ärzte ignoriert– ja, ich meine Hippokrates –, der sagte: »Alle Krankheit beginnt im Darm.« Nun fangen wir langsam an zu erkennen, dass unser Darm die reinste Wundermaschine ist. Er hilft uns, Nahrung zu verdauen, das Immunsystem zu schulen, Krankheiten zu widerstehen, und ist sogar für unser Verhalten verantwortlich. Im Bauch spielt sich also sehr viel ab.

Tatsächlich ist der Darm – und die Erforschung unseres Mikrobioms – das neue Grenzland der Medizin. Wie schon in Kapitel 2 erwähnt, wird der Darm heute auch als unser zweites Gehirn bezeichnet. Diese Bezeichnung wurde von Dr. Michael Gershon, Professor an der Columbia University, geprägt und wird inzwischen von vielen Medizinern anerkannt. Nach dreißig

Jahren Darmforschung sieht sich Dr. Gershon darin bestätigt, dass unser Verdauungssystem eigene zerebrale Aktivität sowie Intelligenz besitzt. Super, zwei Gehirne sind einfach besser als eins!

Deshalb können wir auch unsere Darmfunktionen nicht über das Gehirn steuern. Sobald wir essen, setzt die sonst so mächtige Steuerfunktion des Kopf-Gehirns aus. Wenn wir aber mehr auf unseren Bauch hören, können erstaunliche Dinge passieren. Ob Sie anhand dieses Buchs abnehmen oder Hilfe bei einer chronischen Krankheit suchen, die Antwort auf Ihre Fragen liegt höchstwahrscheinlich in Ihrem Bauch. Gesund essen allein reicht nicht aus, unser Körper muss all das Gute aus dem richtigen Essen auch aufnehmen.

Daher hier ein paar Fakten. Wenn Sie, wie ich, Gesundheitsfanatiker sind, wissen Sie, dass unser Körper von Billiarden von Mikroben besiedelt ist, die auf ihm leben (und sterben) und als mikrobielle Flora, Mikroflora oder auch Mikrobiom bezeichnet werden. Ihre größte Konzentration findet sich im Bauch, genauer im Darm. Für jede Körperzelle existieren auf oder in uns zehn Bakterienzellen, die sich in gute und schlechte Vertreter ihrer Art einteilen lassen.

Ich habe meine Tochter Isabella, die auch die Soupelina-Fee gestaltet hat, gebeten, zu illustrieren, wie sie den Kampf »gute gegen schlechte Bakterien« in ihrem Bauch sieht. Hier ihre Zeichnung:

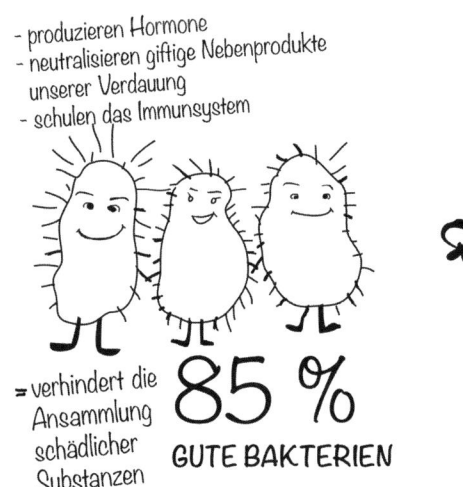

GUTE gegen schlechte Bakterien

- produzieren Hormone
- neutralisieren giftige Nebenprodukte unserer Verdauung
- schulen das Immunsystem

- erzeugen Infektionen
- begünstigen Krebswachstum
- lösen Krankheiten aus
- schädigen das Immunsystem

= verhindert die Ansammlung schädlicher Substanzen

85 %
GUTE BAKTERIEN

15 %
SCHLECHTE BAKTERIEN

Das Gleichgewicht des Darms
mit Dr. Gerard Mullin, Gastroenterologe, Neurologe und Mikrobiom-Spezialist

Um wirklich zu verstehen, was das Mikrobiom ist, habe ich mich an Dr. Gerard Mullin gewandt, einen führenden Spezialisten für Darmgesundheit. Als außerordentlicher Professor an der Johns Hopkins University School of Medicine und Autor des Buches *The Gut Balance Revolution* (leider bisher nicht auf Deutsch erschienen) ist er seit Jahrzehnten unermüdlicher Kämpfer für eine bessere Darmgesundheit und der ideale Ansprechpartner.

EF: Wie merkt man, dass der Darm nicht im Gleichgewicht ist?

GM: Man hat Blähungen, fühlt sich aufgedunsen, hat veränderten Stuhlgang (exzessiv oder gar nicht), es gibt aber auch »stumme« Symptome, wie etwa Kopfschmerzen, Müdigkeit, Migräne oder auch Gelenkschmerzen. Diese Beschwerden kommen direkt aus dem Darm. Seit Tausenden von Jahren wird der Darm als Sitz unserer Gesundheit angesehen. Ayurvedische Mediziner, aber auch der griechische Arzt Hippokrates sowie Ilja Metschnikow (russischstämmiger Nobelpreisträger, der als Erster einen direkten Zusammenhang zwischen Langlebigkeit und gesunder Darmflora erkannte) haben uns viel über die Darmgesundheit gelehrt – und bis vor etwa fünf Jahren haben wir sie einfach ignoriert. Wir haben nicht zur Kenntnis genommen, wie wichtig der Darm ist. Dabei ist es so: Die Welt dreht sich um den Darm.

EF: Warum haben wir die Bedeutung des Darms missachtet?

GM: Der Wissenschaftler und Philosoph René Descartes führte im 17. Jahrhundert das Konzept des Reduktionismus in der Medizin ein, und damit begann die unselige Ära der Einteilung des Körpers in voneinander unabhängige Systeme. Es war die Geburtsstunde der Spezialisten und führte die Medizin auf den Irrweg der Spezialgebiete und des Glaubens an Medikamente als Wunderwaffen.

Die großen Pharmakonzerne leben davon und tun alles, um uns in diesem Glauben zu lassen. Und all das verhängnisvolle Taktieren an Universitäten und in der Politik hilft ihnen dabei, uns auszunutzen und letztlich ins Verderben zu führen. Viele der Krankheiten, die wir heute beobachten und die von der Pharmaindustrie behandelt werden, wurden durch sie überhaupt erst ausgelöst. Es geht um Profit, nicht um Gesundheit. Doch je mehr wir von der Pharmaindustrie abhängig werden, desto stärker verlassen wir uns auf die Macht der Pillen, so funktioniert unsere Gesellschaft. Das hilft uns aber nicht, sondern es schadet uns.

EF: Der Darm wird heutzutage immer mehr zum Thema.
GM: Es ist, als würde die Welt aufwachen und endlich den Zusammenhang erkennen. Nehmen Sie nur sich selbst: Sie hatten Brustkrebs und keine Ahnung, dass Sie ein Problem mit Ihrem Darm hatten. Ihre Gesundheit hängt aber von einem gesunden Darm ab.

Wir erfahren gerade eine Renaissance im Bereich der Darmgesundheit. Immer mehr Bücher erscheinen, wie David Perlmutters *Brain Maker* (bisher nicht auf Deutsch erschienen), und immer mehr Menschen, wie ich, finden Gehör. Die Zeit ist reif! Lange Jahre wurden Naturheilkundler oder Funktionelle Mediziner, die im Darm die Ursache für Krankheiten sahen, als Quacksalber abgetan … Heute bestätigen und bekräftigen Studien, was diese Menschen schon seit Jahrzehnten tun. Für mich ist das eine Genugtuung! Darmgesundheit ist aber ein altes Thema: TCM (Traditionelle Chinesische Medizin) und Ayurveda basieren darauf, dass der Darm den Kern von Gesundheit und Wohlbefinden bildet. Und schon Hippokrates sagte: »Der Tod sitzt im Darm.«

EF: Was müssen wir über das Gleichgewicht unseres Darms wissen?
GM: Reduzieren Sie die Nahrung, die Ihren Darm schädigt (Antibiotika sind die Plage unserer Zeit; sie zerstören den Darm, sind schuld daran, wenn Superbakterien entstehen, verursachen Adipositas und alles Mögliche andere). Man sollte alle Substanzen, die unsere Darmflora und unsere Gesundheit ruinieren, stark einschränken. Dann ist Stressabbau wichtig, denn bei Stress leiden der Säure-Basen-Haushalt, die Enzymproduktion und auch die Darmflora. Der gesamte Körper gerät in Unordnung, wenn man nicht lernt zu entspannen. Als nächster Schritt sollten die Verjüngung und der Wiederaufbau der Darmflora folgen. Wenn Sie erst einmal die alten Blätter ausgekehrt und das Unkraut ausgezupft haben, können Sie beginnen, den Boden mit guter, präbiotischer Nahrung wie Spargel, Topinambur, Zwiebeln, Knoblauch und Löwenzahn neu zu bestellen. Diese Gemüse steigern die Anzahl und Aktivität der hilfreichen Bifidobakterien in unserem Darm. Achten Sie

auf Ihren Stuhlgang. Wer an poröser Darmschleimhaut leidet, was viele tun, nimmt Giftstoffe aus dem Darm auf, statt sie mit dem Stuhl auszuscheiden. Und das schädigt den Körper ... Guter Stuhlgang ist wirklich essenziell. Und schlafen. Erholsamer Schlaf ist wichtig, denn neben Depressionen und Adipositas verändert auch Schlafmangel das Mikrobiom. Es geht um einen gesunden Lebenswandel, und dazu ist es wichtig, erholsam zu schlafen, statt den Körper mit Koffein und Zucker aufzuputschen und sein Ruhebedürfnis zu ignorieren.

EF: Wie können Suppe und Brühe zur Darmgesundheit beitragen?

GM: Suppe und Brühe werden schon lange genutzt, um den Darm zu heilen und das Immunsystem zu stärken. Genau das haben auch Sie während Ihrer Krebserkrankung erfahren. Ihre Suppen und Brühen haben Ihnen im Kampf gegen den Brustkrebs sehr geholfen.

Wenn ein Mensch erst einmal all das Ungesunde streicht, einige der schlechten Bakterien auskehrt und sein inneres Ökosystem in Ordnung bringt, ändert sich sein Leben.

EF: Wie wichtig ist eine Entgiftung des Darms?

GM: Eine gute Frage. Einige schwören auf saisonales »Entgiften«, um den Darm wieder auf Vordermann zu bringen. Ich rate immer, seien Sie sanft mit sich und verändern Sie Ihr Mikrobiom nach und nach. Etwa so: (1) Machen Sie einen Neustart, indem Sie den Pathogenen, die unsere Darmflora zerstören, den Nachschub abschneiden: Lassen Sie raffinierte Kohlenhydrate, zuckerreiche Nahrung, tierische Fette, mit Gentechnik hergestellte Lebensmittel sowie fruktose-, d. h. fruchtzuckerreiche Nahrung weg. (2) Erneuern Sie Ihren Darm, so als ob Sie einen Garten neu anlegten: Zuerst wird das Unkraut gejätet, dann der Boden bereitet. (3) Düngen Sie Ihren Garten mit präbiotischer Nahrung, wie Spargel, Artischocken und anderen Gemüsen. Sie sind eine gute Grundlage für die vergorenen und damit probiotischen Nahrungsmittel mit ihren lebenden Kulturen, die uns aufblühen lassen.

EF: Wie hört man auf seinen Bauch?

GM: Das ist in unserer schnelllebigen Zeit sehr schwer. Ich glaube, dass viele, die von »Bauchgefühl« reden, eine unbewusste Ahnung haben, dass eine innere Stimme unsere Gedanken, unser Verhalten und unsere Entscheidungen beeinflusst. Galt es früher nur als Mythos, belegen heute verschiedene Experimente, dass der Darm und seine Mikroorganismen unsere Gedanken und Entscheidungsprozesse beeinflussen können. Aber auf einen kranken Darm zu hören ist nicht dasselbe, wie auf einen gesunden Darm zu hören. Daher ist es wichtig, vorzubeugen und nicht erst zu intervenieren, wenn eine Krankheit ausbricht. Wir müssen alle mehr agieren, statt nur zu reagieren. Der Darm ist unser zweites Gehirn und tauscht sich mit unserem Kopf-Gehirn ständig aus. Wer also Herr seiner Sinne sein möchte, klar im Geist, ausgeglichen und robust, sollte nicht auf Pillen vertrauen, sondern auf einen glücklichen und ausgewogenen Darm.

❧❦ DR. GERARD MULLINS REZEPT FÜR DARMGESUNDHEIT ☙☙

Reduzieren Sie alles, was den Darm schädigt, wie Kaffee, Süßigkeiten, Zucker (auch den versteckten, z. B. in Fertiggerichten), Erfrischungsgetränke, raffinierte Kohlenhydrate (z. B. in Form von Weißmehl), entzündungsfördernde tierische Fette, mit Gentechnik hergestellte Nahrungsmittel, fruchtzuckerreiche Lebensmittel etc.

Meiden Sie Antibiotika, wann immer möglich.

Essen Sie reichlich präbiotische Nahrungsmittel, wie Spargel, Topinambur, Zwiebeln, Knoblauch und Löwenzahn.

Achten Sie auf regelmäßigen Stuhlgang.

Achten Sie auf ausreichenden und erholsamen Schlaf.

Jüngere Haut
mit Dr. Harold Lancer, Fellow der American Academy of Dermatology

Ich weiß, Sie möchten sich gleich an Ihre Darmreinigung begeben, aber dieser Pickel am Kinn macht Sie wahnsinnig.

Ich verstehe das.

Vermutlich überlegen Sie jetzt, ob es auch eine Suppe gibt, die Ihre Haut reinigt.

Also, an mir soll es nicht liegen.

Allerdings habe ich beschlossen, Dr. Harold Lancer, Hollywoods gefragtesten Hautspezialisten um Hilfe zu bitten. Er ist der Mann hinter den vielen schönen Gesichtern, die wir im Fernsehen und auf der Leinwand bewundern. Ich schätze ihn, weil er ständig auf der Suche ist nach Pflanzen, Kräutern und anderen Dingen, die unsere Haut glatt, geschmeidig und schön machen. Und jetzt raten Sie einmal, was die beste Anti-Aging-Methode für einen strahlenden Teint ist?

EF: Die Haut gut zu ernähren ist also das Wichtigste, was wir tun können?
HL: Was wir in unseren Körper hineintun, bekommen wir auch heraus. Unser Elan, unsere Stimmung, unsere Haut und unser alltägliches Wohlbefinden werden von dem bestimmt, was wir essen und trinken. Je besser wir unseren Körper mit Nährstoffen versorgen und seine Bedürfnisse decken, indem wir leere Kalorien und Junkfood meiden, desto besser fühlen wir uns und sehen wir aus.

EF: Ich finde es gut, dass Sie Ihre Patienten zu ihren Essgewohnheiten befragen, denn unser Aussehen ist doch ein Spiegel unserer Gesundheit. Was ist Ihr Lieblingsratschlag für eine tadellose Haut?
HL: Ich empfehle neuen Patienten immer, sie sollen alle Fertigprodukte aus ihrer Ernährung streichen. Es ist erstaunlich, wie vielen Menschen nicht klar ist, dass Tiefkühlessen, Proteinriegel etc. kaum bis gar keine Nährstoffe enthalten, dafür aber viel Salz und Zucker, was der Haut schadet.

Als Nächstes ermuntere ich meine Patienten dazu, frisches Gemüse zu essen, nach Möglichkeit sogar roh. Gemüse aus der Familie der Kreuzblütengewächse wie Grünkohl, Rucola, Brokkoli, Rosenkohl, Weißkohl und Blattkohl liefern ein hohes Maß an Antioxidantien und reduzieren nachgewiesenermaßen entzündliche Prozesse im Körper. Das ist wichtig, denn Entzündungen sind eine der Hauptursachen von Krankheiten und Anzeichen von Alterung. Frische Lebensmittel liefern zudem viele Vitamine, Mineralien, sekundäre Pflanzenstoffe und Ballaststoffe.

EF: In Ihrem Buch *Younger* (nicht auf Deutsch erschienen) stellen Sie eine Diät vor, die die Haut jünger aussehen lässt. Was raten Sie Veganern?

HL: Mit dem größeren Angebot an veganer Nahrung ist auch das Angebot an pflanzlichen Proteinen größer geworden, dennoch ist nicht alles gleich gut. Ich rate meinen Klienten meist, auf Soja zu verzichten, da es im Körper zu verstärkter Östrogenproduktion führen kann, meist nicht aus biologischem Anbau stammt und stark verarbeitet ist. Gute pflanzliche Proteinlieferanten sind Linsen, Hanfsamen, Quinoa, Spirulina (eine Algenart), Chiasamen und natürlich Mandeln und Nüsse, die reich an gesunden Fettsäuren sind. Auch für Veganer und Vegetarier sind Proteine ausschlaggebend für die allgemeine Gesundheit und eine schöne Haut, daher sollten wir darauf achten, ausreichend gutes Eiweiß aufzunehmen.

EF: Suppen werden ja gerade zum neuen Gesundheitstrend. Was halten Sie von Suppen und ihren Super-Kräften für Gesundheit und eine jünger aussehende Haut?

HL: Ich halte Suppen für einen faszinierenden Gesundheitstrend. Aus guten Zutaten selbst zubereitet, bietet Suppe die wunderbare Möglichkeit, viele Portionen vollwertiger, gesunder Nahrungsmittel, die zudem voller Geschmack und appetitlich angerichtet sind, zu sich zu nehmen.

EF: Welche Gemüse, Hülsenfrüchte, Gewürze und Kräuter bevorzugen Sie – für junge Haut – und warum?

HL: Gemüse aus der Familie der Kreuzblütengewächse sind immer meine erste Empfehlung für eine bewusste Ernährung, dazu Gewürze wie schwarzer Pfeffer, Cayennepfeffer und Zimt sowie Zitrone, denn sie liefern nicht nur einen köstlichen Geschmack, sondern wirken zudem im Körper basisch, und alles ganz ohne Salz.

EF: Wie wichtig ist Suppen-Detox für eine reine Haut?

HL: Gesunde Ernährung ist das Wichtigste für eine reine, strahlende Haut. Wer sich ungesund ernährt und sich kaum bewegt, kann Millionen für Behandlungen und Pflegeprodukte ausgeben, und es wird nichts nutzen. Mit gutem Essen sorgen wir dafür, dass wir von innen heraus strahlen. Am besten ist es, die Ernährung schrittweise umzustellen und so nach und nach neue, gesündere Gewohnheiten zu entwickeln. Es ist viel leichter, seine Geschmacksnerven und seine Vorlieben zu verändern, als wir immer denken. Wer sich gut fühlt, sieht gut aus, und wer gut aussieht, fühlt sich noch besser.

EF: So wie unser Verdauungstrakt Nahrung aufnimmt, Nährstoffe verarbeitet und Abfallprodukte ausscheidet, nimmt unsere Haut Nährstoffe aus dem Blut auf, erzeugt Nebenprodukte (wie Fett und tote Hautzellen) und gibt, was sie nicht benötigt, wieder ans Blut ab. Die Haut hat also einen eigenen Stoffwechsel. Wie tun wir ihr mit jeder einzelnen Mahlzeit etwas Gutes?

HL: Sekundäre Pflanzstoffe, Vitamine und Mineralien sind wichtig für eine strahlende Haut. Am besten sollte jede Mahlzeit frisches Gemüse und Kräuter enthalten. Das ist einfacher, als es klingt: eine Avocado zum Frühstück, mittags Rucola im Salat und abends gedämpftes Gemüse als Beilage. Unser Körper dankt es uns.

༄ GESUNDE NAHRUNG SORGT DAFÜR, DASS WIR VON INNEN HERAUS STRAHLEN: DR. LANCERS REZEPT FÜR SCHÖNE HAUT ༄

Essen Sie reichlich Gemüse aus der Familie der Kreuzblütengewächse (z. B. alle Kohlarten).

Würzen Sie mit schwarzem Pfeffer, Cayennepfeffer, Zimt und Zitrone statt mit Salz.

Essen Sie zu jeder Mahlzeit frische Gemüse und Kräuter.

Versuchen Sie, Ihre Ernährung schrittweise umzustellen und immer mehr gesunde Essgewohnheiten zu entwickeln.

Nicht vergessen: Wenn Sie sich gut fühlen, sehen Sie gut aus, und wenn Sie gut aussehen, fühlen Sie sich noch besser.

10

IN DER SUPPE LIEGT DIE KRAFT

Danke, dass Sie bis zum Ende durchgehalten haben. Ich möchte Ihnen nun mein wichtigstes Geheimrezept verraten – und es hat nichts mit Suppe zu tun.

Bis ich meine Diagnose bekam, war ich eine nüchterne, zynische und pragmatische Journalistin. Ich machte mich – bis auf die Musik von Enya – über den ganzen New-Age-Trend lustig, brauchte für alles harte Fakten, wissenschaftliche Beweise.

Als mir eine Freundin vorschlug, zu einem Heiler zu gehen, dachte ich, die hat sie nicht mehr alle. Und dann stolperte ich witzigerweise doch über eine Heilerin, als ich es am wenigsten erwartete. Was sie mir sagte, ließ mich aufhorchen und nach Antworten suchen.

Wie besessen las ich nun Berichte von Menschen, die sterbenskrank gewesen waren, Geistheiler wie João de Deus in Brasilien aufgesucht hatten und dann von ihren schulmedizinischen Ärzten für geheilt erklärt worden waren. An den Rollstuhl gefesselte Menschen konnten nach einer Pilgerreise nach Lourdes zu seinem heilenden Wasser wieder gehen. Selbst meine Mutter wusste plötzlich von Freunden von Freunden zu berichten, die von einem russischen Heiler in einem entlegenen Dorf geheilt worden waren. Was war es, was das Schicksal all dieser Menschen veränderte? War es der Heiler, oder waren sie es selbst?

Gewöhnlich sprechen wir mit unseren Ärzten nicht darüber, wie Gedanken und Gefühle Körper und Gesundheit beeinflussen – und das, obwohl unsere Ärzte wissen, dass unser Gehirn ständig mit dem Körper kommuniziert, indem es Hormone und Neurotransmitter in bestimmte Körperregionen entsendet. Wir alle wissen vom »Placeboeffekt«, zählen aber eins und eins nicht zusammen. Wenn schon der Glaube an eine bestimmte Therapie Besserung erzeugen kann, warum bitte bauen wir dies nicht in den Behandlungsplan ein?

Positive Gefühle wie Hoffnung, Liebe, Dankbarkeit und der Glaube an uns selbst stärken unser Immunsystem und können den Körper heilen. Und wissen Sie was? Dieser Zusammenhang ist auch wissenschaftlich nachgewiesen. Ich hatte das Glück, unterwegs Lehrer zu finden, die mir den Weg zu meiner Genesung wiesen, ohne dass mir das damals bewusst gewesen wäre. Ich lernte Kundalini-Yoga und Atemtechniken, Achtsamkeitsmeditation und Visualisierung, und das half mir, wieder zu mir selbst zu finden. Und Suppe schließlich wärmte meine Seele und eröffnete mir den Weg zu Genesung und Gesundheit.

Positives Denken

Haben Sie sich schon einmal gefragt, warum Sie stets dieselben dunklen Gedanken haben, woher sie kommen und warum Sie daran glauben? Ich nenne sie meine »Kritiker«. Sie mögen mich schützen wollen, aber manchmal machen sie mich fertig. Je öfter ich sie wälze, desto größer und bedrohlicher werden sie. Eine weise Lehrerin, die mir auf meinem Weg zur Heilung half, sagte mir einmal, ich solle mich einfach bei diesen Gedanken bedanken und sie dann durch schönere ersetzen. So würde ich mich davon befreien. Sie brachte mir bei, meine Gedanken und Gefühle wie Gäste zu behandeln – mit Respekt –, aber das Sagen habe ich. Ich weiß, dass die meisten Gedanken unterbewusst entstehen und wir nicht in der Hand haben, was uns plötzlich in den Sinn kommt, aber alles, was darauf folgt, können wir kontrollieren. Wenn Selbstzweifel und negative Gedanken uns überkommen, sollten wir ein Gespräch mit uns selbst führen, einen inneren Dialog. Halten Sie inne und sagen Sie: »Löschen!«, genau wie auf dem Computer. Denken Sie dann an etwas Positives und ersetzen Sie den negativen Gedanken beispielsweise durch einen gedachten Sonnenstrahl. Glauben Sie mir, Übung macht den Meister. Sie werden erstaunt sein, was ein wenig positives Denken und ein paar Selbstgespräche alles bewirken.

Visualisieren und gelenkte Phantasiereisen

»Ein Bild sagt mehr als tausend Worte« – das haben Sie bestimmt schon tausendfach gehört. Visualisierung bedeutet, sich vor seinem geistigen Auge etwas auszumalen und dann auf diese Vorstellung hinzuarbeiten. Je bunter und detailreicher das Bild, desto klarer das Ergebnis. Denken Sie daran, unser Körper tut, woran wir glauben. Was sehen Sie? Was fühlen Sie? Was hören Sie? Was riechen Sie? Das ist kein New-Age-Hokuspokus, denn die Wirksamkeit von Visualisierung ist durch viele Studien belegt, und sie wird auch in der Schulmedizin genutzt.

Visualisieren hat starke Heilkräfte, weil es uns in Richtung einer gesünderen Zukunft ziehen kann. Sie können alleine visualisieren oder in der Gruppe und einem Skript oder einem Lotsen folgen. Hier eine einfache Übung zum Ausprobieren:

Setzen Sie sich in einen gemütlichen Stuhl oder legen Sie sich hin. Schließen Sie die Augen, atmen Sie ruhig (durch die Nase ein- und durch den Mund ausatmen), entspannen Sie Ihre Muskeln und begeben Sie sich gedanklich in die Körperregion, die Sie heilen möchten. Stellen Sie sich den Heilungsprozess genau vor, beispielsweise, dass Sonnenstrahlen Ihr schmerzendes Knie wärmen und heilen oder dass Sie am Morgen migränefrei aufwachen und sich gesund fühlen.

Achtsamkeitsmeditation

Ich bin mir sicher, Sie haben in letzter Zeit viel über die Kraft der Meditation gört. Aber wie findet man bei dem riesigen Angebot heraus, welche Meditationstechnik die richtige für einen ist? Manche Methoden helfen, uns zu entspannen, andere führen zu einem veränderten Bewusstsein. Es gibt verschiedene buddhistische Meditationsformen (z.B. Zen-Meditation, tibetische Mediation), vedische Meditation, transzendentale Meditation, Gebetsmeditation, taoistische Meditation etc.

Ich persönlich bevorzuge die Schlichtheit der Achtsamkeitsmeditation und die Kraft der Mantras in der vedischen Meditation.

Achtsamkeitsmeditation lehrt uns, auf alles in unserem Leben zu achten: unsere Gedanken, unsere Umgebung und unsere Körperempfindungen. Durch sie lernen wir, gegenwärtig zu sein, was immer passiert, und dadurch Körper und Geist zu entspannen. Achtsamkeit ist genau das, was vielen von uns hilft, wenn wir vom Leben überfordert sind und uns fühlen, als würden wir gar nicht wirklich leben. Es ist wie ein mentales Work-out – und wer braucht das nicht. Aber ganz im Ernst – es trainiert unseren Geist, über Dinge zu meditieren, die wir nicht ändern können, Unangenehmes nicht zu verdrängen, sondern es als Teil des Lebens anzunehmen. Und es bietet einen einfachen Weg, den Geist zu beruhigen.

Eine meiner Lieblingsübungen ist die »achtsame Beobachtung«, eine einfache, aber wirksame Methode, eine Verbindung mit dem herzustellen, was uns umgibt. Betrachten Sie etwas, wie etwa eine Wolke, den Sonnenuntergang, den Mond oder eine Blume, so als würden Sie es zum ersten Mal sehen. Achten Sie auf die Gefühle, die dies hervorruft, und erlauben Sie Ihrer Seele, eine Beziehung zum Objekt Ihrer Betrachtung aufzubauen. Urteilen Sie nicht, analysieren Sie nicht, seien Sie nur gegenwärtig.

Eine weitere Übung, die ich sehr mag, ist Stille zu üben. Verbringen Sie einige Stunden in völliger Stille. Nehmen Sie auf, was Sie umgibt. Ich mache diese Übung gerne im Flugzeug. Ich setze meine Kopfhörer und die Augenmaske auf, schließe die Augen, lege die Hände auf die Knie und entspanne. So kann man gut in sich hineinhorchen. Sie können Stille aber auch praktizieren, während Sie Suppe essen – das ist sehr meditativ. Es lehrt uns, zu essen, ohne dabei zu sprechen, zu lesen oder das Smartphone zu kontrollieren. Wenn man in völliger Stille isst, schmeckt man mehr und ist schneller satt.

Und wenn wir uns bewusst sind, was wir essen, wählen wir die Nahrung, die uns heilt.

Vedische Meditation
mit Anand Mehrotra, Yogalehrer und Begründer des Sattva Yoga

Vedische Meditation ist etwas komplizierter, daher habe ich Anand Mehrotra gebeten, uns in diese Technik einzuführen, die das Unterbewusstsein anspricht. Anand ist ein visionärer Meditations- und Yogalehrer und der Begründer des Sattva Yoga. Er ist der Leiter des Sattva Centre im indischen Rishikesh, hat aber auch viele westliche Anhänger. Ich traf Anand vor ein paar Jahren und war von seiner Weisheit beeindruckt.

EF: Worin liegt die Macht der Meditation?

AM: Meditation ist der Weg, unseren Geist zu beherrschen und dadurch achtsamer und glücklicher zu leben. Die Praktiken der Meditation gibt es schon seit Jahrtausenden. Sie erlauben uns zu sehen, wer wir jenseits all des Lärms der Welt sind. Das ist wahrscheinlich die wichtigste Lektion, die wir heute auf unserem Planeten lernen können. Durch Meditation können wir unser Ich jenseits der Gedanken erfahren und mit dem reinen Sein in Kontakt treten. Dies schenkt tiefen Frieden und erlaubt uns den Zugang zu einer höheren Ebene der Intelligenz in uns selbst.

EF: Und sie heilt ...

AM: Die Forschung belegt die tiefe Verbindung zwischen Körper und Geist. Durch Meditation senkt sich das Stressniveau des Körpers, was dazu beiträgt, im Körper eine heilsame Umgebung zu erschaffen. Wer regelmäßig meditiert, dem fällt es zudem leichter, die Kraft der Achtsamkeit, Visualisierung und des positiven Denkens zur Selbstheilung einzusetzen.

EF: Wie findet man die Meditationstechnik, die zu einem passt?

AM: Wichtig ist vor allem die Erkenntnis, dass nicht die Übung selbst die Meditation ist, sondern das, was sich dabei in uns abspielt. Meditation ist etwas, was in uns stattfindet, wenn wir regelmäßig eine bestimmte Übung praktizieren. Wählen Sie also einfach die Meditationstechnik, die Sie am meisten anspricht, und üben Sie sie regelmäßig, am besten zweimal am Tag jeweils mindestens 15 Minuten lang. Dabei gibt es auch kein Richtig oder Falsch, sondern nur das eigene Erleben. Es kommt vielmehr darauf an, dass Sie sich auf die Meditation wirklich einlassen.

EF: Was raten Sie, um motiviert zu bleiben und zweimal am Tag zu meditieren?

AM: Ganz einfach. Ich glaube, die Menschen müssen sich vor Augen führen, was sie im Leben wirklich schätzen. Wer Glück, Frieden und Gesundheit schätzt, wird sich von ganz alleine Zeit für die Meditation nehmen und für den wird sie zu einem wichtigen, natürlichen Teil seines Lebens.

EF: Was sind die häufigsten Gründe, warum Menschen ihre Meditationspraxis vernachlässigen?

AM: Viele testen immer wieder andere Meditationstechniken aus, statt sich für eine zu entscheiden. Es ist für die Praxis aber enorm wichtig, eine gewisse Zeit bei einer Übung zu bleiben, denn Meditation funktioniert nur, wenn sie regelmäßig ausgeübt wird. Auch darf man nichts erzwingen wollen. Man muss sich entspannen und einfach zulassen, was kommt. Wenn man unruhig ist und die Gedanken nicht abreißen, sollte man nicht frustriert sein oder sich verurteilen. Denken Sie daran, bei Meditation geht es um Liebe, darum, mit sich selbst freundlich zu sein und alle Erfahrungen anzunehmen, was immer auch passiert. Lassen Sie es zu. Die innere Ruhe wird stärker werden und Ihnen helfen, die Gedanken hinter sich zu lassen.

EF: Kann man überall meditieren?

AM: Schaffen Sie sich zu Hause einen festen Platz zum Meditieren, der einladend und gemütlich ist. Es soll ein heiliger Ort sein. Hilfreich sind ein Meditationskissen zum Sitzen und ein Meditationsschal, in den man sich während der Meditation hüllen kann. Wählen Sie eine Zeit am Morgen, bevor Sie den Tag beginnen, und bleiben Sie möglichst bei dieser Zeit. Der Zeitpunkt abends variiert wahrscheinlich häufiger, kann aber z. B. nach der Arbeit oder nach dem Essen sein.

EF: Ich habe gerade erst eine neue Studie gelesen, die erstmals belegt, dass Meditation die Zellen von Krebsüberlebenden verändern kann. Das ist spannend, denn lange Zeit glaubten Forscher, Glück, Depression etc. seien in unseren Genen vorprogrammiert.

AM: Was die Forscher nun entdecken, wussten die Yogis schon lange. Der Begriff der neuronalen Plastizität, der die Fähigkeit des Gehirns beschreibt, neue Synapsen auszubilden, ist dem Westen neu, war auf dem yogischen Weg aber immer bekannt. Wie bereits gesagt, erlaubt uns Meditation, über unsere Gedanken hinauszugehen. Wir werden uns unseres wahren Selbst jenseits der Gedanken bewusst. Durch diese Erfahrung erlangen wir mehr Kontrolle über unseren Geist und können ihn lenken, wohin wir wollen. Niemand möchte doch deprimiert oder unglücklich sein, doch unser Geist führt uns oftmals dorthin. Zu lernen, den eigenen Geist zu kontrollieren, ihn zu leiten, ist also absolut notwendig, um sein kreatives Potenzial freizusetzen.

Hier eine einfache Übung, die Ihnen helfen wird, eine intensive Mantra-Meditationspraxis aufzubauen.

ANAND MEHROTRAS MANTRA-MEDITATION

Setzen Sie sich entspannt hin – auf ein Kissen auf dem Boden oder auf einen Stuhl. Stellen Sie einen Wecker auf 15 Minuten. Setzen Sie sich aufrecht und schließen Sie die Augen. Blicken Sie nach innen. Entspannen Sie sich völlig. Dann beginnen Sie, Ihren Atem zu beobachten, ohne ihn zu verändern. Begleiten Sie die Atemzüge im Stillen mit dem Mantra: »SO–HUM«. Sagen Sie innerlich »SO« beim Einatmen und »HUM« beim Ausatmen. Die zwei Silben bedeuten so viel wie »Das bin ich«, »Ich bin, was ich suche«. Es ist das Mantra der Wahrheit des Lebens. Wir sind alles, was wir suchen. Wiederholen Sie das Mantra ohne Anstrengung in Ihrem Geist und lassen Sie den Atem sanft fließen. Bald werden Sie Momente erleben, in denen es weder Gedanken noch Mantra gibt, in denen Sie nur gegenwärtig sind. Sobald Gedanken aufkommen, kehren Sie zum Mantra zurück.

Brain Food
mit Dr. Daniel Amen, Gründer und CEO der Amen Clinics, Psychiater und neunmaliger *New York Times*-Bestsellerautor

Nachdem ich mit Anand gesprochen hatte, wusste ich, dass ich Dr. Daniel Amen anrufen musste, Pionier und größte Autorität auf dem Gebiet der Hirnforschung – und einer meiner Lieblingsärzte.

Ich lernte Dr. Amen vor über einem Jahrzehnt kennen, als ich für den Fernsehsender CNN arbeitete. Wir besuchten seine Klinik in Costa Mesa, Kalifornien, um ihn für eine Reportage über seine bahnbrechende Behandlungsmethode bei der Aufmerksamkeitsdefizit-Hyperaktivitätsstörung (ADS/ADHS) zu befragen. Es war das erste Mal, dass ich einen Arzt traf, der seinen Patienten keine Medikamente verschrieb, sondern eine Umstellung von Ernährung und Lebensweise. In Medizinerkreisen war man außer sich, doch Dr. Amens Leidenschaft, sein Wissen und die gesundheitlichen Fortschritte seiner Patienten haben ihm einen Platz in der Ruhmeshalle der Medizin beschert. Dr. Mehmet Oz, Amerikas berühmtester Arzt und bekannt durch seine Fernsehshow, nannte Dr. Amen »einen der begabtesten Köpfe der Medizin«, und dem kann ich nur zustimmen. Niemand auf der Welt weiß mehr als er, wenn es um das Gehirn geht: Dr. Amen hat über 80 000 Gehirne gescannt!

EF: Glauben Sie an die Kraft des positiven Denkens, der Meditation und des Visualisierens?
DA: Ich ziehe sorgfältiges Nachdenken positivem Denken vor. Positives Denken sagt den Menschen, sie könnten alles essen und dennoch gesünder werden. Ich finde es besser, wenn sich meine Patienten nicht zu sicher sind, denn dann treffen sie bessere Entscheidungen. Aber ich bin ein großer Befürworter von Meditation und Visualisierung.

EF: Als ich Sie 2003 zum ersten Mal interviewte, war ich sehr beeindruckt, habe aber nicht erkannt, wie visionär Ihr Ansatz des Einflusses von Nahrung und Lebensstil auf die geistige Gesundheit ist. Wann haben Sie erstmals erkannt, dass unsere Nahrung unser Gehirn beeinflusst?
DA: Das war Anfang der 90er Jahre, als ich anfing, mich mit dem Gehirn zu befassen. Klar war, dass Alkohol und Koffein ihm schaden. Aber dann erkannte

ich, dass auch Diabetes, Bluthochdruck und Herzerkrankungen, die alle ernährungsbedingt sind, das Gehirn beeinträchtigen. Ich begann mich also selbst besser zu ernähren, verlor Gewicht und lernte mehr und mehr dazu. Es gab auch bereits Studien, die zeigten, dass Ernährung die geistige Gesundheit beeinflusst.

EF: Ich bin begeistert von den enormen Veränderungen, die Sie bei Ihren Patienten erzielen, wenn Sie statt Medikamenten Ihre Amen-Diät verschreiben.

DA: Das größte Lob gebührt unserer Ernährungsabteilung: Stimmung, Gedächtnis, Konzentration, Gewicht, Darmgesundheit und allgemeine Gesundheit der Patienten verbessern sich teils in erstaunlichem Ausmaß. Kürzlich verlor eine Patientin aus Ecuador im Jahr nach ihrem Klinikaufenthalt 32 Kilogramm. Stimmung, Gedächtnis und Konzentrationsfähigkeit sind bei ihr wie ausgewechselt. Auch ihr Gehirnscan zeigt dies. Sie sagt, die Ernährungsumstellung habe ihr das Leben gerettet.

EF: Wie wichtig ist die richtige Ernährung für das Gehirn? In Ihrem Buch *Das glückliche Gehirn* (erschienen im Goldmann Verlag, München 2010) bezeichnen Sie das Gehirn als »die wichtigste Immobilie unseres Körpers«. Warum?

DA: 20–30 Prozent unseres Kalorienverbrauchs gehen auf unser Gehirn. Daher ist die richtige Ernährung für es so wichtig. Sie können so viel Sport treiben, wie Sie wollen, positiv denken, meditieren und Nahrungsergänzungsmittel nehmen, aber wenn Sie weiter stark verarbeitete Nahrungsmittel voller Zucker, schlechter Fette und Salz zu sich nehmen, die aus Zutaten voller Pestizide, künstlicher Aromen, Süßstoffe und Farben hergestellt und mit chemischen Konservierungsmitteln behandelt wurden, können Körper und Gehirn nicht die volle Leistung erbringen. Nur wer beste Nahrung isst, kann in Bestform sein.

EF: Aber was genau passiert im Gehirn, wenn wir uns gut ernähren, und was, wenn wir es nicht tun?

DA: Schlechte Ernährung fördert Entzündungen, das ist wie ein schwelendes Feuer, das auf Dauer die Organe zerstört. Mit Pestiziden verunreinigte Nahrung schädigt die Darmflora, was sich wiederum auf das Gehirn schlägt. Schlechte Ernährung erhöht den Blutzuckerspiegel, schädigt die Blutgefäße und führt zu Nährstoffmangel, wodurch das Gehirn nicht arbeiten kann. Wir essen zu viel Zucker und Nahrung, die sich bei der Aufspaltung in Zucker verwandelt, und zu wenig gesunde Fette, wie sie etwa in Avocados, Samen, Nüssen und Kokosnussöl enthalten sind, sowie Omega-3-Fettsäuren.

EF: In den letzten fünf Jahren ist viel über die Bedeutung unseres Darms geforscht worden … Er wird nun unser zweites Gehirn genannt … Erzählen Sie mir bitte etwas über die Beziehung zwischen Darm und Gehirn.
DA: Sie sind aufs engste miteinander verbunden! Zum Beispiel stellen Mikroorganismen in unserem Darm Vitamine und Neurotransmitter her und unterstützen unser Immunsystem.

EF: Zum Thema Suppen: Ich kann immer noch nicht glauben, dass mein Onkologe mich nach zwei Jahren für geheilt erklärt hat, nachdem ein Gentest eine hohe Wahrscheinlichkeit zeigte, dass der Krebs innerhalb von 17 Monaten wiederkehren würde. Ich weiß, der Schlüssel sind die Suppen, die ich kreiert habe, und meine Lebens- und Ernährungsumstellung. Aber als Journalistin frage ich den Arzt: »Was hat Ihrer Meinung nach mein genetisches Ergebnis verändert?«
DA: Sie haben die epigenetischen Parameter Ihrer Gene – also die übergeordneten Mechanismen, mit denen die Zellen steuern, welche Proteine sie wann und in welchen Mengen produzieren – so verändert, dass sie Ihre Heilung unterstützen, statt Sie zu schädigen. Ihre Geschichte inspiriert mich, und ich wünschte, mehr Menschen würden ihre Gesundheit so in ihre eigenen Hände nehmen wie Sie.

EF: Und Suppe kann bei der Heilung helfen?
DA: Ich bin ein großer Fan von Suppen. Sie liefern uns große Nährstoffmengen in einer Form, in der sie der Körper gut aufnehmen kann.

EF: Ich bin begeistert, dass immer mehr Menschen auf ihre Ernährung achten und komplementärmedizinische Therapien in Betracht ziehen, wenn sie erkranken. Wie müsste die moderne Medizin sich Ihrer Meinung nach wandeln?
DA: Nahrung an erster Stelle … nichts tun, was dem Körper schadet … und mehr vorbeugende statt krankheitsbezogene Behandlung.

EF: Wie unterstützt oder gefährdet die Gesundheit unseres Gehirns unseren Körper?

DA: Das Gehirn bestimmt unsere Entscheidungen, und unsere Entscheidungen bestimmen unsere Gesundheit.

Die Natur

Schon ein altes Sprichwort sagt: »Wach auf und nimm den Duft der Rosen wahr.« Verbundenheit mit der Natur bedeutet Heilung. Ich zitiere zu dem Thema auch gerne Hippokrates, der sagte: »Nicht der Arzt heilt, sondern die Natur.« Tatsächlich ist der Aufenthalt in der Natur eine der besten Therapien. Ob im Wald, in den Bergen oder am Meer, Zeit, die wir in der Natur verbringen, ist erholsam und entspannend. Wir nehmen uns selbst besser wahr, und das beflügelt uns. Die Natur bietet Trost, Zuflucht und macht den Kopf frei. Nehmen Sie sich Zeit, mit der Natur in Einklang zu sein, und nutzen Sie ihre heilenden Kräfte. Schon ein kleiner Spaziergang am Mittag kann den Tag verschönern.

Yoga

Yoga ist ein wichtiger Teil jedes Heilungsprozesses. Das Kundalini-Yoga, die Yoga-Form, die ich wählte, betont nicht die körperlichen Übungen, wie etwa Hatha, Ashtanga oder Vinyasa, sondern Atem und Energie. Meine Freundin Terena brachte mich zu Golden Bridge Yoga, einer Yoga- und spirituellen Gemeinde in L.A., die von den Anhängern Yogi Bhajans, dem großen Lehrer des Kundalini, unterhalten wird. Meine Lieblingslehrerin Tej (eine der besten lebenden Kundalini-Lehrerinnen und Schülerin Yogi Bhajans) gab mir ein heilendes Mantra, das ich jeden Tag singen sollte. Ich erlernte spezielle Atemtechniken und Positionen, mit denen ich Probleme angehen konnte. Es war nicht die Art körperlicher Übungen, an die wir bei Yoga gewöhnlich denken, sondern eine alte Technik, die durch Stimmbandvibration und Körperstellungen das Bewusstsein auf eine Ebene bringt, die tiefe Heilung ermöglicht. Ich erfuhr diesen Ort mit geschlossenen Augen und weinend. Mein Körper reinigte sich. Dies bleibt eine der tiefsten Erfahrungen meines Lebens.

Es gibt viele verschiedene Yoga-Richtungen, und inzwischen gibt es auch im Westen so viele Angebote, dass jeder die richtige für sich finden kann, die ihm am besten entspricht. Ich rate immer, Unterricht zu nehmen und zu sehen, ob der Lehrer einem zusagt. Wie die Yogis sagen: »Wenn der Schüler bereit ist, wird der Lehrer erscheinen.« Satnam!

Atmung

Aber egal, ob Sie Yoga betreiben oder nicht, Sie sollten das Atmen zu Ihrem neuen besten Freund machen. »Was heißt hier atmen?«, fragen Sie bestimmt. Die meisten von uns atmen nur flach und halten den Atem an. Doch, Sie auch! Was tun Sie, wenn Sie gestresst sind? Genau, Sie halten den Atem an! Jetzt können Sie aber ruhig mal richtig ausatmen! Na, besser? Tiefes Atmen beruhigt Körper und Geist, und wenn wir tief und ruhig atmen, aktivieren wir den Parasympathikus, der Stressreaktionen des Körpers umkehrt. Und Sie wissen doch, was das bedeutet, oder? All der Sauerstoff, den Sie mit einer regelmäßigen, tiefen Atmung in Ihren Körper pumpen, hilft Ihnen, Ihre Selbstheilungskräfte zu aktivieren und gesund zu bleiben.

Die heilende Kraft des Atems
mit Tej Kaur Khalsa, Kundalini-Yoga-Lehrerin und Hüterin des Archivs der Lehren des Yogi Bhajan

Alles, was ich über Heilung weiß, hat mir Tej beigebracht. Bei ihr holte ich mir immer wieder weisen Rat zu Atmung und Yoga.

EF: Warum ist tiefe Atmung so wichtig für die Gesundheit?
TK: Niemand kann leben, ohne zu atmen, und dennoch ignorieren die meisten Menschen ihren Atem. Yogi Bhajan sagte, jeder Tag, an dem wir nicht bewusst atmen, ist eine Einladung an Krankheiten. Wer gesund und zufrieden leben will, sollte die Kraft des Atems zu seiner eigenen Kraft machen. Normalerweise atmen wir etwa 15-mal pro Minute. Wer nur zehnmal pro Minute atmet, ist energiegeladen. Wer fünfmal pro Minute atmet, hat einen sehr wachen Geist. Und wer nur einmal pro Minute atmen muss, wird unbesiegbar.

EF: Wie weiß man, ob man richtig atmet?

TK: Zuallererst sollte man seinen Nabel beobachten. Wenn wir bewusst ein-atmen, dann hebt sich der Nabel. Die gesamte Bauchregion muss gefüllt sein. Zweitens weitet sich beim Einatmen die Brust und drittens auch Schultern, Schlüsselbein und ein wenig der Rücken. Beim Ausatmen kehren wir diesen Prozess um. Zuerst entspannen wir Schlüsselbein und Schultern, dann den Brustkorb, und schließlich ziehen wir Bauch und Nabel ein, um die restliche Luft auszustoßen.

EF: Sorgt eine veränderte Atmung auch für seelische Veränderungen, die unsere Gesundheit beeinflussen?

TK: Eine flache Atmung sorgt für Anspannung und Beklemmungen, weil sie die Verbindung zu Prana, der Lebenskraft, einschränkt. Unterbewusst fühlen wir uns abgeschottet und sogar ein wenig ängstlich. Ein längerer, tieferer Atemzug kann einem Menschen Sicherheit geben, das Gefühl der »Verbun-denheit« mit etwas Größerem, Hellerem und Weiserem vermitteln. Das wirkt sich auf unser ganzes Leben aus, was vor allem in solch hektischen Zeiten wie den unseren wichtig ist. Je tiefer wir atmen, desto intelligentere Entscheidungen können wir treffen.

EF: Das ist faszinierend, aber ich kenne viele Menschen, die das nicht wissen. Kundalini-Yoga hat mir die Augen geöffnet, wie wichtig das rich-tige Atmen ist.

TK: Kundalini-Yoga ist sehr mächtig: Ein Atemzug, ein Mantra oder eine Meditation haben die Kraft, Leben und Schicksal eines Menschen für immer zu ändern. Der Feueratem kann beispielsweise das ganze Atemsystem von Schleim befreien, wenn er regelmäßig angewendet wird. Er versorgt den Kör-per mit Sauerstoff, reinigt das Blut und liefert so den Organen frische Ener-gie. Der Feueratem reguliert darüber hinaus die Hirnanhangsdrüse, die das gesamte Drüsensystem reguliert. Das Drüsensystem seinerseits beeinflusst das Nervensystem, welches wiederum den Blutkreislauf anregt.

FEUERATEM

Beim Feueratem atmen wir schnell, rhythmisch und kontinuierlich. Ein- und Ausatem sind gleich lang und ohne Pause dazwischen (etwa zwei bis drei Atemzyklen pro Sekunde). Es wird mit geschlossenem Mund nur durch die Nase geatmet. Der Feueratem wird über Nabel und Solarplexus gesteuert. Anfänger sollten ihn zunächst 1–3 Minuten praktizieren, manche Menschen schaffen auch von Anfang an 10 Minuten.

+ Zum Ausatmen Nabel und Solarplexus ruckartig Richtung Wirbelsäule ziehen und dabei die Luft kräftig durch die Nase ausstoßen. Das passiert automatisch, wenn man das Zwerchfell ruckartig zusammenzieht.

+ Zum Einatmen die oberen Bauchmuskeln entspannen. Dabei senkt sich das Zwerchfell, und der Atem strömt eher von alleine ein, statt bewusst eingeatmet zu werden.

+ Der Brustkorb bleibt während des gesamten Atemzyklus entspannt und leicht angehoben.

+ Bei richtiger Ausführung sind Hände, Füße, Gesicht und Bauch entspannt und nicht steif.

+ Wenn der Feueratem anfangs bei Ihnen Schwindel auslöst, legen Sie eine Pause ein. Kribbeln und eine leichte Benommenheit sind völlig normal, während der Körper sich auf den neuen Atem und die Stimulierung der Nerven einstellt. Dagegen kann ein Zusammenziehen der Stirn zum Stirnpunkt hin helfen. Manchmal werden diese Empfindungen durch Giftstoffe ausgelöst, die der Körper beim Feueratem ausstößt. Das Trinken von reichlich Wasser und eine leichtere Ernährung lindern diese Symptome.

+ Der Feueratem ist kein Hyperventilieren!

+ Während der Schwangerschaft und der Menstruation sollte der Feueratem nicht durchgeführt werden.

Atmen Sie gut!

Selbstliebe

Sich selbst zu lieben ist ein wichtiger Schritt in der Heilung. Es gibt keinen Grund, sich selbst niederzumachen und damit zu hadern, wie sich die Dinge entwickelt haben. Seien Sie stattdessen lieber freundlich mit sich und ermuntern Sie sich, und Sie werden staunen, wie sich Ihr Leben verändern wird.

Üben Sie täglich liebevollen Umgang mit sich selbst, am besten bei einem Teller Suppe, und verlieben Sie sich in sich selbst:

+ Dankbarkeit. Seien Sie jeden Morgen dankbar für den neuen Tag und die schönen Dinge in Ihrem Leben. So beginnt der Tag positiv.

+ Vergeben. Wir sind alle nur Menschen und machen Fehler. Was haben Sie aus diesen Fehlern gelernt? Vergeben Sie sich selbst und lassen Sie es gut sein.

+ Glückliche Gedanken. Positive, liebevolle Gedanken wirken sich tatsächlich auf das Gehirn aus und erzeugen positive und heilende Gefühle.

+ Reflektieren. Lassen Sie den Tag vor dem Zubettgehen Revue passieren und denken Sie an mindestens drei schöne oder gelungene Ereignisse. Daraus entwickeln sich positive Muster, und die setzen wiederum positive Dinge in Bewegung.

+ Den eigenen Gedanken glauben. Stellen Sie sich in Ihrer Phantasie Ihr ideales Leben vor. Schreiben Sie nieder, was Sie sich wünschen, glauben Sie daran und sehen Sie zu, wie es passiert.

MENGENANGABEN

Die metrischen Mengenangaben in diesem Buch wurden umgerechnet, die Rezepte aber nicht damit getestet. Es kann also kleinere Abweichungen geben.

Bedenken Sie, dass das Gewicht von Trockenzutaten von ihrem Volumen bzw. ihrer Dichte abhängt. Daher werden Trockenzutaten in Bechermaßen angegeben. 1 Becher Mehl wiegt weniger als beispielsweise 1 Tasse Zucker, und 1 Esslöffel entspricht bei Trockenzutaten nicht immer 3 Teelöffeln.

Mit Becher ist hier grundsätzlich ein Gefäß von 250 ml Fassungsvermögen gemeint. Suchen Sie sich am besten einen Becher, der 250 ml aufnimmt, und verwenden Sie ihn immer als Maß für die Festzutaten. Oder erwerben Sie im Handel ein Set mit praktischen Cup-Maßen (sie bestehen meist aus 4 Gefäßen: 1 Cup, ½ Cup, ⅓ Cup und ¼ Cup). Ebenso sind Sets mit Löffelmaßen erhältlich. Diese erleichtern das Abmessen sehr, wenn man nicht alles auswiegen kann oder will.

Flüssigmaße
1 TL = 5 ml
1 EL = 15 ml
2 EL = 30 ml

Bechermaße für die Festzutaten und ihre Volumenentsprechungen
1 Becher = 250 ml
½ Becher = 125 ml
⅓ Becher = 85 ml
¼ Becher = 65 ml

DANK

Ich bin so froh, Gelegenheit zu haben, den Menschen danken zu können, die mir geholfen, mich geleitet, zu mir gestanden und mich auf meinem Weg ermutigt und angespornt haben. Ohne sie wäre ich nie so weit gekommen.

Aus ganzem Herzen danke ich:

Meiner Agentin Cassie Hanjian, dass sie mich gefunden und an mich geglaubt hat, mich überzeugt hat, dieses Buch-Ding zu machen. Ich bin Ihnen für Ihre Tatkraft und Energie unendlich dankbar. Dank Ihnen kann ich nun so vielen Menschen helfen, die Reise zu mehr Gesundheit anzutreten. Ich habe unendliches Glück, dass Sie in mein Leben getreten sind.

Meiner Verlegerin, Renée Sedliar, für ihre Geduld und ihre großartige Unterstützung, egal wie verrückt meine Ideen auch waren. Danke, dass Sie das Schiffsruder übernommen haben und ein so gutgelaunter Kapitän waren.

Dr. Anthony Bazzan für seine großzügige Unterstützung meiner Arbeit und für sein tolles Vorwort.

Meinem wunderbaren und supertoleranten Fotografen Pär Bengtsson für seine großartigen und inspirierenden Bilder, durch die die Suppen doppelt lecker aussehen.

Randy Price, Artdirektorin extraordinaire, dass sie an Soupelinas Kraft geglaubt hat und (mit Chloé Belle) bis nach New Mexico gefahren ist, um dieses Buch zu gestalten.

Angela Yeung, der rasend talentierten Food Stylistin, dafür, dass sie jede Schüssel Suppe wie ein Kunstwerk aussehen lässt und mir den einen oder anderen Trick gezeigt hat.

Meinen Töchtern Madeline und Isabelle dafür, dass sie meine besten Cheerleader und Suppentesterinnen sind und mich daran erinnern, wirklich meinem Bauch zu vertrauen, und für das Aussuchen der Gemüse auf dem Markt, für das Bewachen der kochenden Suppen, für ihre Auslieferdienste, ihre Hilfe bei den schönen Suppennamen und dafür, dass sie meinen Suppen-Irrsinn auf Instagram verbreiten.

Meiner Mutter, Rita Kozmits, der eigentlichen Küchenzauberin, für ihre Liebe und dafür, dass sie mir immer gesagt hat, ich könne alles erreichen.

Meiner Babuschka, die leider nicht mehr bei uns ist, aber die mir beigebracht hat, wie wichtig heilende Nahrung ist.

Meiner besten Freundin Amby Langhofer, dass sie durch dick und dünn immer für mich da ist, meine Tränen getrocknet hat, als ich schwere Entscheidungen bezüglich meiner Behandlung treffen musste, für all ihre Hilfe mit Soupelina und für ihre Ermunterung, als ich den speziellen Amby-Touch brauchte.

Dem unglaublichen Robert Seidler für die Bestätigung meiner Arbeit, dafür, dass er mir die Selbstsicherheit gegeben hat, Soupelina zu gründen, und für mich Berge versetzte. Ich bin unendlich dankbar, dass Sie und Alica mich so sehr unterstützt haben.

Meiner lieben Freundin Terena Eisner, meiner Zen-Freundin im strahlenden Licht, die mir geholfen hat, dies alles auf die Beine zu stellen, und mir immer gesagt hat, dass ich es kann.

Dr. Kristi Funk für das Geschenk ihres Wissens. Ich werde immer für die Zeit dankbar sein, die Sie sich für mich genommen haben, um alles zu erklären und meine Fragen zu beantworten. Und für die Fürsorge und Erreichbarkeit trotz eines übervollen Zeitplans und Drillingen.

Dr. Mao für seine Weisheit, sein Talent, seine herzliche Anleitung und seine großzügige Unterstützung bezüglich meiner Gesundheit, meiner Arbeit und meiner selbst.

Dr. Gez Agolli für seine Aufrichtigkeit und dafür, dass er immer Antworten hat. Für E-Mails am späten Abend, nur um sicherzugehen, dass es mir bessergeht und ich alle Dinge und Informationen habe, die ich brauche.

Dr. Philomena McAndrew für die geduldige Unterstützung während meiner gesamten Behandlung und dafür, dass sie den gewohnten Weg verlassen hat, als ich mit meinen verrückten Behandlungsideen um die Ecke kam.

Angela Rukule dafür, dass sie mir die Zuversicht gab, mich selbst zu finden.

Liz Mahoney für die Idee in meinem Kopf, ich könne mehr Menschen mit Suppe versorgen als meine Familie.

Meiner Freundin Valerie Gradury, dass sie mir die Augen über Krebs geöffnet hat, Ideen mit mir ausgetauscht hat und einfach dafür, dass sie so toll ist.

Meinen ältesten Freundinnen Catherine Lorenze und Nonnie Preuss, dass sie immer nur ein Telefonat weit weg sind und mir immer Selbstvertrauen schenken.

Meiner Freundin Elinor Tatum, die mich in den Hintern getreten hat, als ich nach meiner Krebsdiagnose wochenlang nur heulte und mir selbst leidtat.

Meinen erstklassigen Experten, die ich für dieses Buch interviewen durfte: Dr. Gerard Mullin, Dr. Daniel Amen, Dr. Harold Lancer, Tej Khalsa, Martha Soffer und Anand Mehrotra – danke für Ihr Vertrauen, Ihre Weisheit und die Zeit, die Sie mir so großzügig geschenkt haben.

Dem Glamour-Team Kristiee Liu und Yvette Beebe, die mich auf den Fotos in diesem Buch so toll aussehen lassen, meine Tränensäcke abgedeckt haben und meine Mähne so füllig wirken lassen.

Brandi Jones, weil sie immer alles hat stehen und liegen lassen, um Kleider für Madeline, Isabelle und mich auszusuchen, damit wir auf den Fotos cool aussehen.

Jennings und Lilly, meinen hinreißenden Cavalier-King-Charles-Spaniels, weil sie die besten Hunde der Welt sind und meine Vertrauten. Dafür, dass sie auf meinem Schoß gesessen, mein Gesicht geleckt haben und so treue Seelen waren, als ich nicht wusste, ob ich es schaffen würde.

Und natürlich Ihnen, meinen Kunden und allen, die sich je gewünscht haben, gesund zu sein, und nicht wussten, wie sie es schaffen können. Dieses Buch ist für Sie!

QUELLEN/ZUM WEITERLESEN

Was sollten wir essen?

Nicht aus Bio-Anbau stammendes Obst und Gemüse: Eine Untersuchung der Umweltorganisation Greenpeace kam zu dem Ergebnis, dass bis zu 80 Prozent des Obstes und 55 Prozent der Gemüse aus konventionellem Anbau krebserregende Pestizide enthalten. Besonders hoch waren die Werte bei Waren, die außerhalb der EU produziert worden waren. Mehr dazu unter: http://www.greenpeace.de/essen-ohne-pestizide

Milch: David S. Ludwig und Walter C. Willetts Studie in JAMA Pediatrics: http://archpedi.jamanetwork.com/article.aspx?articleid=1704826

Gentechnik
Gesundheitsgefährdung durch genveränderten Mais: Studie der University of Caen, Gilles-Eric Seralini, Forschungsleiter, Food and Chemical Toxocology journal: http://www.forbes.com/sites/jonentine/2012/09/20/scientists-savage-study-purportedly-showing-health-dangers-of-monsantos-genetically-modified-corn

Gefährdung durch gentechnisch veränderte Organismen (GVO): 19 Studien. Unter: http://www.enveurope.com/content/23/1/10

Fertigprodukte
Mikrowellenpopcorn: Die US Environmental Protection Agency (EPA) bezeichnet Perfluoroctansäure, PFOA, mit der die Beutel von Mikrowellenpopcorn beschichtet werden, als »wahrscheinlich« karzinogen, und einige

unabhängige Studien bringen die Chemikalie mit Tumorbildung in Verbindung. Ebenso steht der Stoff Diacetyl, der im Popcorn selbst verwendet wird, im Verdacht, Lungenschäden und Krebs auszulösen. Informationen unter: http://www.drweil.com/drw/u/QAA400701/Microwave-Popcorn-Threat.html

Bisphenol A (BPA) wird weiterhin in Konserven verwendet: Informationen unter: http://www.bfr.bund.de/de/fragen_und_antworten_zu_bisphenol_a_in_verbraucher-nahen_produkten-7195.html

Die Schädlichkeit von Pommes frites: »Should I Eat French Fries? Scientists Weigh in on the Risks«, Time Magazine. Informationen unter: http://time.com/3896083/french-fries-potato

Gute Nahrungsmittel

Pilze: Forschung des Japaners Kisaki Mori, PhD, vom Mushroom Research in Tokio. Informationen unter:
http://www.mitoku.com/products/shiitake/healthbenefits.html

Weiße Champignons: Beckman Research Institute, City of Hope, Kalifornien.
http://www.cityofhope.org/research/research-overview/superfoods-research/superfoods-mushrooms

Eigenschaften von Löwenzahn: University of Maryland Medical Center. Informationen unter: http://umm.edu/health/medical/altmed/herb/dandelion

Eigenschaften von Limetten: Y. Miyake, A. Murakami, Y. Sugiyama, et al.: »Identification of Coumarins from Lemon Fruit (Citrus Limon) as Inhibitors of In Vitro Tumor Promotion and Superoxide and Nitric Oxide Generation«, Journal of Agricultural and Food Chemistry 47, Nr. 8 (August 1999), S. 3151–3157

Eine Studie fand heraus, dass pro 100 Milligramm Magnesium, die aufgenommen werden, das Risiko für Darmtumore um 13 Prozent und das für

Darmkrebs um 12 Prozent sank. P. A. Wark, R. Lau, T. Norat, E. Kampman: »Magnesium Intake and Colorectal Tumor Risk: A Case-Control Study and Meta-Analysis«, American Journal of Clinical Nutrition 96, Nr. 3 (September 2012), S. 622–631

Bittergurke als Mittel gegen Diabetes: Informationen unter: http://www.sciencedaily.com/releases/2008/03/080327091255.htm

Textkasten zu Nüssen: http://www.nytimes.com/2013/12/18/dining/are-nuts-a-weight-loss-aid.html?_r=0; http://livehealthy.chron.com/intestinal-problems-caused-eating-nuts-4974.html

Jarisch-Herxheimer-Reaktion: https://de.wikipedia.org/wiki/Jarisch-Herxheimer-Reaktion oder: http://flexikon.doccheck.com/de/Jarisch-Herxheimer-Reaktion

Darmgesundheit: http://www.mprnews.org/story/2015/06/09/bcst-micro-bes-gut-bacteria

Ökologisch angebaute gegen konventionell angebaute landwirtschaftliche Produkte: Journal of Applied Nutrition 45, Nr. 1 (1993), S. 35–39

Studie der Newcastle University unter Leitung von Prof. Carlo Leifert, veröffentlicht im British Journal of Nutrition, http://www.ncl.ac.uk/press.office/press.release/item/new-study-finds-significant-differences-between-organic-and-non-organic-food

Eigenschaften von Weinblättern: http://www.healwithfood.org/health-benefits/eating-grape-vine-leaves.php

Toilettengeschichten

R. E. B. Tagart: »The Anal Canal and Rectum: Their Varying Relationship and Its Effect On Anal Continence«, Diseases of the Colon and Rectum 9 (1966): S. 449–452

Ryuji Sakakibara, Department of Internal Medicine, Division of Neurology, Sakura Medical Center, Toho University, Sakura, Japan: »Squatting, Influence Of Body Position On Defecation In Humans«, unter: https://vw-squat-typotty.storage.googleapis.com/uploads/2015/03/03/files/Japanese-study.pdf

Ballaststoffe

M. A. Pereira, E. O'Reilly, K. Augustsson, et al.: »Dietary Fiber and Risk of Coronary Heart Disease: A Pooled Analysis of Cohort Studies«, Archives of Internal Medicine 164 (2004), S. 370–376

E. B. Rimm, A. Ascherio, E. Giovannucci, et al.: »Vegetable, Fruit, and Cereal Fiber Intake and Risk of Coronary Heart Disease Among Men«, JAMA 275 (1996), S. 447–451

L. Brown, B. Rosner, W. W. Willett und F. M. Sacks: »Cholesterol-lowering Effects of Dietary Fiber: A Meta-analysis«, American Journal of Clinical Nutrition 69 (1999), S. 30–42

M. B. Schulze, S. Liu, E. B. Rimm, et al.: »Glycemic Index, Glycemic Load, and Dietary Fiber Intake and Incidence of Type 2 Diabetes in Younger and Middle-aged Women«, American Journal of Clinical Nutrition 80 (2004), S. 348–356

S. Krishnan, L. Rosenberg, M. Singer, et al.: »Glycemic Index, Glycemic Load, and Cereal Fiber Intake and Risk of Type 2 Diabetes in US Black Women«, Archives of Internal Medicine 167 (2007), S. 2304–2309

W. H. Aldoori, E. L. Giovannucci, H. R. Rockett, et al.: »A Prospective Study of Dietary Fiber Types and Symptomatic Diverticular Disease in Men«, Journal of Nutrition 128 (1998), S. 714–719

C. S. Fuchs, E. L. Giovannucci, G. A. Colditz, et al.: »Dietary Fiber and the Risk of Colorectal Cancer and Adenoma in Women«, New England Journal of Medicine 340 (1999), S. 169–176

Proteine und Ballaststoffe: Marla Reicks leitete die Studie zu Ballaststoffen an der University of Minnesota in St Paul.

Center for Science in the Public Interest. Informationen unter: http://www.cdc.gov/nutrition

Ballaststoffe als Schutz vor Krebs: D. M. Klurfeld: »Dietary Fiber-mediated Mechanisms in Carcinogenesis«, Cancer Research 52, Nr. 7 (April 1, 1992), S. 2055s–2059s

Soupelina-Geheimnisse – so gestalten Sie Ihren persönlichen Suppen-Detox

Infrarot-Sauna: Dr. Oz, http://www.livestrong.com/article/240539-infrared-sauna-benefits-risks/; http://www.wellnesshour.com/2012/08/22/benefits-of-a-far-infrared-sauna

Forschung zu Massagen: J. D. Crane, D. I. Ogborn, C. Cupido, S. Melov, A. Hubbard, J. M. Bourgeois, M. A. Tarnopolsky: »Massage Therapy Attenuates Inflammatory Signaling After Exercise-induced Muscle Damage«, Science Translational Medicine 4, 119ra13 (2012), www.ncbi.nlm.nih.gov/pubmed/22301554

Dr. Michael Galitzer, in Suzanne Somers: »Knockout«, S. 216. Laut dem National Center for Complementary and Alternative Medicine (NCCAM), Teil der National Institutes of Health (NIH), probierten 2007 3,1 Millionen Menschen in den USA Akupunktur aus, das sind 1 Million mehr als 2002.

Zu den Rezepten

Du kommst in den Top-inambur

2008 veröffentlichte *Food and Chemical Toxicology* in seiner Oktoberausgabe eine Studie zum wachstumshemmenden Effekt des Chicorées auf Krebs. Die Forscher konzentrierten sich auf vier menschliche Zelllinien, nämlich Brust-, Prostata-, Nieren- und Hautkrebs. Sie fanden heraus, dass Chicorée selektive wachstumshemmende Aktivität auf Melanome zeigte. Sie schlussfolgerten, dass die Giftigkeit der Pflanze für die menschliche Gesundheit irrelevant sei und eine Behandlung von Melanomen mit Chicorée äußerst sinnvoll und kosteneffektiv sei.

Sonnengelbe Tomatensuppe

Eine Studie der Ohio State University, veröffentlicht im *International Journal of Food Sciences and Nutrition*, besagt, dass die Wirkung der Antioxidantien aus gelben Tomaten stärker sein könnte als die aus roten Tomaten. Der Grund dafür liegt in der räumlichen Struktur ihres Tetra-cis-Lycopins, das der Körper viel einfacher aufnehmen kann als das Trans-Lycopin der roten Tomaten.

Wer hat hier was auf den Möhren?

Journal of Agricultural and Food Chemistry 48, Nr. 4 (April 2000), S. 1315–21

World's Healthiest Foods: Carrots (Die gesündesten Lebensmittel der Welt: Karotten), unter http://www.whfoods.com/genpage.php?tname=foodspice &dbid=21

Los doch: Kicher-Erbse!

Krebsbekämpfende Vitamine und Mineralien: Quelle: M. S. Donaldson: »Nutrition and Cancer: A Review of the Evidence for an Anti-Cancer Diet«, Nutrition Journal 3 (2004), S. 19, DOI: 10.1186/1475-2891-3-19

Das hat Hanf und Fuß

Carol S. Johnston, PhD, Cindy M. Kim, MS, und Amanda J. Buller, MS: »Vinegar Improves Insulin Sensitivity«, American Diabetes Association Diabetes Care 27, Nr. 1 (2004), S. 281–282

Dir reicht keiner das Wasser-Melone

Agricultural Research Service Study von Agnes Romano, Forschungschemikerin des ARS Natural Products Utilization Research Unit in Oxford, Mississippi, in Zusammenarbeit mit der Pflanzenphysiologin Penelope Perkins-Veazie vom ARS South Central Agricultural Research Lab in Lane, Oklahoma. Informationen unter: http://www.ars.usda.gov/is/pr/2003/030221.htm

http://hortsci.ashspublications.org/content/46/12/1572.full

Du bist ein Macho, Gazpacho!

Studie von Antonio Martin vom Nutrition and Neurocognition Laboratory am Jean Mayer USDA Human Nutrition Research Center on Aging der Tufts University in Boston, Massachusetts. Veröffentlicht im Journal of Nutrition (November 3, 2004)

VOLKER MEHL
Ayurveda geht überall
[978-3-426-67503-8]

Modernes, hippes Ayurveda

Der Ayurveda-Starkoch reist quer durch Deutschland, weil er wissen will, wie viel Ayurveda in der Heimat steckt. Er sammelt spannende Geschichten rund ums Kochen und Essen und übersetzt klassische deutsche Gerichte in ayurvedische Kreationen. Dabei geht es ihm nicht nur um gesunde Ernährung, sondern vor allem um eine ausgewogene Lebenseinstellung. Seine 85 Rezepte zeigen, dass Ayurveda auch hierzulande cool, entspannt und genussvoll sein kann.

STEFANIE REEB
Süß und gesund
[978-3-426-67502-1]

Backen ohne Zucker, Laktose, Eier und Weizen

Die Gesundheitsexpertin und leidenschaftliche Bäckerin Stefanie Reeb stellt über 60 gesunde und köstliche Alternativen zu Muffins, Cookies und Tartes vor. Vegane Patisserie im Einklang mit der Natur und ihren Jahreszeiten. So schmeckt der Frühling nach Freude und süß-saurer Rhabarbertorte. Der Sommer nach Fülle und saftigen Pfirsichen. Der Herbst nach Liebe und Früchtebrot. Und der Winter nach Heimat und Marzipan-Kartoffeln.